Pédagogie Max et Lili

Guide d'enseignement moral et civique
Max et Lili

CYCLE 3 PROGRAMME 2015

Sous l'œil attentif de :
Dominique de Saint Mars et Serge Bloch

Remerciements à :
Julia Vernier, agrégée de Lettres modernes, rédactrice
Coline Joly, professeure agrégée de Lettres modernes, rédactrice
Pascale de Bourgoing, ancienne professeure des écoles, directrice éditoriale
Lysiane Guiton, chef de projet - Pauline Gallimard, directrice artistique
Dorothée Quenardel, responsable du développement - Michel Degobert, maquettiste

PCG - CALLIGRAM
CHRISTIAN GALLIMARD

Présentation de l'éditeur

La collection « Max et Lili » et le vivre ensemble

Le nouveau programme d'enseignement moral et civique (EMC) mis en œuvre dans les classes depuis la rentrée 2015 a pour but de « favoriser le développement d'une aptitude à vivre ensemble dans une société démocratique* » : l'enfant doit s'initier à la citoyenneté, comprendre l'importance du respect, de la tolérance et de la lutte contre les discriminations, développer une conscience écologique... Tous ces thèmes de société incontournables sont au cœur de la collection « Ainsi va la vie » depuis sa création en 1992. C'est en effet une véritable pédagogie du vivre ensemble qui est menée de titre en titre, avec finesse et humour, par Dominique de Saint Mars et Serge Bloch, l'auteure et le dessinateur de la série.

Pourquoi un *Guide pédagogique d'enseignement moral et civique Max et Lili* ?

Dans de nombreuses BD « Max et Lili », les questions posées à l'enfant après l'histoire ont pour but de susciter des discussions entre parents et enfants sur les thèmes du vivre ensemble. L'idée est donc venue tout naturellement de développer un guide d'EMC à partir de la collection. Le *Guide d'enseignement moral et civique Max et Lili* permet d'organiser des débats en classe sur les sujets qui animent notre société, tout comme les « Max et Lili » sont l'occasion de discussions en famille. C'est un guide d'apprentissage à destination non seulement des élèves, des équipes pédagogiques, des bibliothécaires, mais aussi des parents et de tous ceux qui voudraient transmettre les valeurs assurant l'harmonie de la collectivité.

Aborder les valeurs du vivre ensemble de manière ludique

Le *Guide d'enseignement moral et civique Max et Lili* comprend 40 séquences et constitue un support pédagogique pour le cycle 3. L'originalité de ce guide, c'est de partir dans chaque séquence d'extraits des BD « Max et Lili » mettant en scène des situations vécues par Max, Lili et leurs amis. C'est ainsi par l'étude de situations du quotidien de l'enfant que les valeurs de l'EMC, parfois complexes ou abstraites, sont abordées. Les différentes rubriques de chaque séquence sont conçues comme des éléments isolables. L'enseignant peut ainsi sélectionner les propositions d'activités qui correspondent à ses élèves, à ses choix personnels et à l'organisation générale de son cours.

Parce qu'il est plus que jamais nécessaire de susciter des débats sur le vivre ensemble, parce que l'enfant a besoin de faire siennes les notions de l'EMC pour devenir un citoyen responsable, nous espérons que notre guide participera à ce grand effort de réaffirmation des valeurs qui rendent notre société plus forte, plus tolérante et plus unie.

* *Projet d'enseignement moral et civique*, Conseil supérieur des programmes de l'Éducation nationale, 3 juillet 2014.

Préface de Dominique de Saint Mars
Auteure des « Max et Lili »

Grâce à ce *Guide d'enseignement moral et civique*, Max et Lili servent de médiateurs pour l'apprentissage du vivre ensemble. J'en suis heureuse.
Depuis longtemps, j'essaie de donner aux enfants des notions de psychologie, de philosophie, pour leur apprendre à penser par eux-mêmes, à s'organiser, à respecter les règles. Toujours avec la parole vraie, la réflexion et l'humour, et ces trois impératifs :

Être reconnu : aujourd'hui, on ne dresse plus les enfants comme des petits singes, ils ne sont plus considérés comme des moitiés de personnes ! Les enfants sont surinformés, il faut les canaliser et être créatif si on veut leur apprendre quelque chose : les toucher par la force des images, par les mots justes. Ils ont besoin de comprendre, et en s'amusant !
N'est-il pas nécessaire, comme Max et Lili, de pouvoir exprimer ses ***émotions****, d'être entendu et reconnu, d'être bien avec soi-même afin de pouvoir se mettre à la place des autres ?*

S'identifier : les enfants se sentent vulnérables comme Max et Lili, puis aussi forts qu'eux quand leurs héros arrivent à terrasser le dragon du découragement ou agissent avec raison, respect et solidarité. Ils voient que des solutions existent, qu'ils ne sont pas seuls. Ils développent alors une image positive et réaliste d'eux-mêmes.
N'est-il pas plus facile d'apprendre en s'identifiant à des ***héros*** *comme Max et Lili, qui servent d'exemples et interagissent avec les autres ?*

S'approprier les règles : j'ai toujours pensé que les informations, les règles et les valeurs sont mieux mémorisées et intégrées quand elles sont liées à de l'affectif, à du vécu. À travers leurs copains de papier, les enfants vivent une **expérience**, même si elle est virtuelle. Ils en intègrent les leçons sans peur et sans douleur ! Ils se sentent prévenus, protégés, ils savent ce qu'il faut faire et ne pas faire, comment respecter leurs pairs, leurs parents, leurs professeurs.
N'apprend-on pas plus vite à respecter la loi, à travers l'expérience vécue par Max et Lili, avec une bonne dose d'affectif et d'humour ?

Je fais le pari que ce guide aidera les enfants à être acteurs de leur vie, à avoir des discussions intéressantes à l'école et en famille, et pourquoi pas, parfois, à éduquer leurs parents !

Les personnages

LILI ET SES AMIS

Lili Clara Marlène Hugo Valentine Émilie

MAX ET SES AMIS

Max Jérôme Koffi Doumé Alex Fathia Juliette

LA FAMILLE

Mamita Les parents Pluche Pompon Mamie et Popy

Les connaissez-vous ?

Dans ce guide, vous retrouverez Max et Lili, ainsi que leur famille et tous leurs amis !

Nina

Karim

Marion

Sarah

Eliott

Jennifer

Zizou

Lucien

Bérénice

Marie

Nicolas

Simon

Kim

Jérémy

La maîtresse de Max

La maîtresse de Lili

La directrice de l'école

► 40 SÉQUENCES AVEC MAX ET LILI

Sommaire

LA SENSIBILITÉ
Se connaître et comprendre les autres

LA RÈGLE ET LE DROIT
Des principes pour vivre avec les autres

LE JUGEMENT
Penser par soi-même et avec les autres

L'ENGAGEMENT
Agir individuellement et collectivement

GLOSSAIRE

LA SENSIBILITÉ

SE CONNAÎTRE ET COMPRENDRE LES AUTRES

COMPÉTENCES

- Identifier, exprimer et contrôler ses émotions
- Prendre soin de soi
- S'estimer
- Se sentir membre d'une collectivité

01 Comment exprimer ses émotions ?

Introduction

« Être rouge de colère », « avoir une peur bleue », « pleurer de joie », « trembler comme une feuille », « avoir la gorge serrée », « ne pas en croire ses yeux »... Les expressions ne manquent pas pour exprimer toutes les émotions que l'on peut ressentir. Identifier ses émotions pour ensuite oser les exprimer, c'est tout un chemin qu'il faut apprendre pour se comprendre soi-même et comprendre les autres.

LIRE ET RÉFLÉCHIR

Situation 1

1. Comment Max se sent-il ?

2. Arrive-t-il à exprimer ses émotions ?

Situation 2

1. Quel effet l'aveu de Valentine produit-elle sur ses émotions ?

2. Comment comprenez-vous l'expression « être en bataille dans sa tête » ? Expliquez-la avec vos propres mots.

Situation 3

1. Au lieu d'exprimer ses sentiments, qu'a choisi de faire Max ? Pourquoi ? Est-ce que cela a fonctionné ?

2. Que réalise-t-il quand il essaie d'expliquer les raisons de sa tristesse, de son sentiment d'abandon ?

3. Lisez bien la réponse de Lili. Êtes-vous d'accord avec elle ?

OBSERVER

Image 1

1. Quelle émotion les personnages ressentent-ils ?

2. D'après vous, qui la ressent le plus ?

3. Quels signes du corps révèlent cette émotion ?

4. Qu'est-ce qui produit un effet comique dans cette image ? Pourquoi ?

Image 2

1. Quelles émotions Lili peut-elle ressentir ? Plusieurs interprétations sont possibles !

2. Quelle est la couleur dominante de cette image ? Pourquoi, à votre avis ?

01

COMPRENDRE

Leçon

Exprimer ses émotions

Émotion ou sentiment ?

- Une **émotion** est un **trouble passager** que l'on ressent en réaction à une situation. Elle peut être **positive**, comme la joie, la satisfaction... ou **négative**, comme la colère, la honte, la jalousie...
- Un **sentiment** dure plus longtemps qu'une émotion : c'est un état affectif, c'est-à-dire une **manière de se sentir dans son corps, sa tête et son cœur**. Les sentiments peuvent aider à grandir, à entrer en relation avec son entourage, ou au contraire rendre malheureux et limiter le contact avec les autres.

S'exprimer pour vivre plus heureux

Le corps trahit souvent les émotions : rougissements, larmes ou sourires sont des **signes visibles** de ce qu'on ressent. Il est donc possible de **décoder les signes** que les autres transmettent en prêtant attention à ce que leurs gestes ou leurs regards expriment. Mais pour faciliter la **compréhension de soi-même** et la **communication avec les autres**, il est important d'apprendre à reconnaître les émotions et à les exprimer, même si c'est difficile.

Les émotions dans l'art

L'art est un **moyen privilégié d'expression** des sentiments. À travers la littérature, la peinture, la sculpture, le théâtre, le chant, la danse, les hommes ont trouvé une manière de transformer leurs émotions personnelles en œuvres d'art partageables par tous.

LEXIQUE DES ÉMOTIONS ET DES SENTIMENTS

Émotion/ Sentiment	Vocabulaire	Expressions imagées	Manifestations physiques
Joie	Se réjouir - Sourire Rire - Gaieté	Être aux anges Nager dans le bonheur Être sur un nuage	Sourire Rire Bien-être
Surprise	Être abasourdi Stupéfaction Étonnement	Rester bouche bée ou sans voix Tomber des nues	Écarquiller les yeux Sursauter Ouvrir la bouche
Peur	Être paniqué - Craindre Frayeur - Terreur - Effroi	Trembler comme une feuille En avoir la chair de poule	Cœur qui bat Sueurs froides Pâleur
Colère	S'énerver - Être furieux Être agressif - Irritation	Bouillir de rage Entrer dans une colère noire	Taper du pied Sourcils froncés Rougeur
Tristesse	Avoir de la peine ou du chagrin Être morose	Avoir la gorge nouée Broyer du noir	Pleurer Baisser la tête
Honte	Gêne Embarras	Être mort de honte Être rouge de honte	Baisser la tête Rougeur

DÉBATTRE

1. Comprendre les sentiments

Avec votre voisin, triez dans le tableau ces différents sentiments et trouvez-en d'autres :
jalousie - méfiance - joie - haine - peur - satisfaction - amour
admiration - colère - gaieté - angoisse - tendresse - souffrance
calme - confiance - fragilité.

Attention : vous pouvez ne pas être d'accord entre vous. Dans ce cas, donnez vos raisons, pour choisir ensemble la colonne qui vous semble finalement la mieux adaptée.

Sentiments positifs qui rendent plutôt heureux	Sentiments négatifs qui rendent plutôt malheureux	Sentiments qui peuvent rendre heureux ou malheureux

2. Toute une palette de sentiments

a. Choisissez l'un des sentiments de la liste. Faites un dessin pour le représenter. Vous pouvez représenter une scène avec un ou plusieurs personnages qui éprouvent ce sentiment ou représenter plus abstraitement ce sentiment.
b. Montrez aux autres votre dessin. Expliquez-leur pourquoi il représente pour vous le sentiment que vous avez choisi.

3. Identifier les émotions

Que ressentent les personnages suivants ?

....

....

....

....

4. Plus ou moins joyeux !

Classez ces adjectifs du moins fort au plus fort.

content	paisible	réjoui	joyeux	satisfait	comblé	surexcité
	1					

5. Plus ou moins en colère !

Classez ces adjectifs du moins fort au plus fort.

furieux	irrité	exaspéré	haineux	tendu	agacé	mécontent	hors de soi
					1		

6. Portrait chinois

Avec votre voisin, remplissez le tableau suivant.

Pour moi, si...	... était une COULEUR, elle serait...	... était un ANIMAL, elle serait...	... était une ACTION, elle serait...	... était une CHANSON, elle serait...	... était une EXPRESSION, elle serait...
la colère...					
la joie...					
la peur...					
la tristesse...					
la honte...					
la surprise...					

7. Place au débat philo !

À votre avis, pourquoi l'expression de nos sentiments nous rend-elle plus libres ?

RETENIR

Complétez le texte avec les mots suivants :
sentiment - identifier - rougissement - émotion
œuvres - sourire - partager - pleurs.

Une .... est un trouble qui dure peu de temps, tandis qu'un .... s'installe dans le cœur et la tête. Le corps révèle nos émotions : les .... pour la tristesse, le .... pour la joie, le .... pour la honte, etc. Il est nécessaire d'apprendre à .... ses sentiments pour pouvoir les comprendre et les .... avec les autres. Les artistes exploitent souvent les émotions et les sentiments humains dans leurs ....

Activité

PRÉPARER UNE EXPOSITION

« Des émotions dans l'art »

1. Discussion

a. Formez des groupes de deux ou trois élèves.
b. Choisissez ensemble une émotion ou un sentiment.

2. Recherche sur Internet

a. En salle informatique ou à la maison, rendez-vous sur le site « Joconde », site gouvernemental qui rassemble les collections des musées de France.
b. Dans la rubrique « Catalogue » à gauche, faites une « recherche simple » avec l'émotion ou le sentiment que vous avez choisi.
c. Parcourez toutes les propositions et sélectionnez l'œuvre qui vous plaît le plus.

3. Préparation de l'exposition

a. Présentez l'œuvre : titre, auteur, date, support.
b. Analyse des personnages
- Comment l'artiste a-t-il travaillé les expressions des visages pour transmettre leurs émotions ?
- Les postures des personnages sont-elles expressives ?
- D'autres détails (habits, accessoires...) expriment-ils les émotions ?

c. Analyse du décor et du contexte
- Décrivez l'arrière-plan de l'œuvre.
- Permet-il de souligner le sentiment qui se dégage du tableau ou crée-t-il au contraire un effet de contraste ?

d. Analyse du jeu des couleurs
Les contrastes et le choix des couleurs dominantes sont-ils efficaces pour exprimer les émotions ?

4. Présentation

a. Devant la classe, votre groupe présente l'œuvre choisie sous la forme d'un panneau. Vous pouvez projeter l'œuvre au tableau.
b. Dites aussi pourquoi votre groupe a choisi cette œuvre.

5. Exposition

Accrochez ensuite votre panneau sur les murs de la classe ou dans l'établissement pour une exposition temporaire intitulée « Des émotions dans l'art ».

► IDENTIFIER, EXPRIMER ET CONTRÔLER SES ÉMOTIONS

02 Comment communiquer avec les autres ?

Introduction

Depuis toujours, les hommes s'envoient des messages, par messagers humains ou par courrier.
Depuis la fin du XIXe siècle, les hommes peuvent se téléphoner avec un téléphone fixe.
Depuis la fin du XXe siècle, les hommes peuvent s'envoyer des e-mails et se téléphoner avec un téléphone mobile.
Depuis le XXIe siècle, les hommes peuvent tchater, twitter, publier des posts sur les réseaux sociaux.
Les moyens de communication ne cessent de progresser !
Mais au fait, qu'est-ce qu'une bonne communication ?

LIRE ET RÉFLÉCHIR

Situation 1

Dans cette histoire, Max boude depuis deux jours sans dire ce qui le contrarie…

1. Qui a brisé la communication normale dans la famille ? Comment ?

2. Quel effet le silence de Max produit-il sur sa relation avec Lili ?

3. Lili joue avec le sens du mot « parler » : comment comprenez-vous la différence entre « apprendre à parler » pour un bébé et « apprendre à parler/à se parler » quand on est grand ou adulte ?

Situation 2

1. Que se passe-t-il dans cette scène ?

2. Qui sait communiquer avec les autres ? Qui ne le sait pas ?

OBSERVER

Image 1

Comment le dessinateur représente-t-il le refus de communiquer du personnage ?

Image 2

1. À votre avis, à quel type d'échange assistent Max et Lili : une conversation ? une dispute ? un débat ?
Quels éléments de l'image vous permettent de répondre ?

2. Il n'y a pas de bulles dans l'image, mais les gestes aussi peuvent transmettre des messages. Quel « message » transmet la posture de la mère ? Quel « message » transmettent les gestes du père ?

02

COMPRENDRE

Communiquer avec les autres

Autour du mot

Le mot « communication » vient du mot latin *communicatio* et signifie d'abord « **mettre en commun** », puis « **être en relation** ». C'est donc l'action par laquelle chacun entre en contact avec les autres, par le langage ou par des gestes, pour transmettre quelque chose. Dans l'acte de communication, il y a un **émetteur**, un **message** et un **récepteur**.

Pourquoi communiquer ?

- Quand on est l'émetteur : la communication permet d'expliquer ce qu'on ressent et de préciser ce qu'on attend ou ce qu'on espère. Parfois, on n'arrive pas à le dire... Garder pour soi ses joies et ses souffrances peut entraîner un sentiment de **solitude** et de **frustration**.
- Quand on est le récepteur : la communication commence par l'**observation** des signes que le corps de l'autre envoie (regard, couleurs du visage, gestes de la main) et qui révèlent ses émotions. Pour entendre le message, il faut être capable d'écouter l'autre pour le laisser s'exprimer.

Les risques d'une mauvaise communication

- Une mauvaise communication entraîne l'**incompréhension**, qui peut nuire à la relation d'amitié ou d'amour.
- Une absence de communication entraîne parfois l'**agressivité**, lorsque la souffrance n'arrive pas à s'exprimer.

Les règles de communication

- Dans sa famille (sphère privée), il est nécessaire de respecter des règles de communication afin de préserver l'**entente entre tous**. On surveille son langage pour ne pas blesser l'autre et pour ne pas se montrer agressif.
- Dans la rue ou à l'école (sphère publique), on obéit à certaines règles de communication afin de pouvoir vivre ensemble dans le **respect** et la **tolérance***.

Les petits conseils de communication

→ Faire des gestes d'ouverture : sourire, saluer, remercier et dire un mot gentil sont des gestes simples qui permettent d'avoir des relations agréables avec les autres.

→ Quand on est vexé par quelqu'un, ne pas répondre avant d'être sûr d'avoir bien compris le message.

→ Choisir le bon moment pour parler lorsqu'on veut évoquer un sujet sérieux.

→ Éviter de crier et de recourir aux insultes : un message est mieux entendu s'il est exprimé calmement et sans agressivité.

→ Ne pas donner d'ordre, dire « s'il te plaît ».

→ Utiliser le « je » pour exprimer ce que l'on ressent au lieu de n'utiliser que le « tu » pour faire des reproches.

→ Écouter l'autre et essayer de le comprendre en se mettant à sa place.

→ Rester ouvert à ses propositions pour éviter une dispute.

DÉBATTRE

1. Apprendre à communiquer

Remettez ces dialogues dans l'ordre.

Dialogue A

- Excuse-moi, tu as bien fait de me parler, je vais faire attention.
- Tu n'es jamais là !
- Tu as mal compris, j'aimerais juste passer plus de temps avec toi.
- Encore des reproches ! Tu passes ton temps à critiquer ce que je fais !

Dialogue B

- Tu es nul, c'est très facile.
- Dans ce cas, je vais me débrouiller tout seul.
- Je voulais te demander... Pourrais-tu m'aider pour les maths ? Je n'ai pas compris la leçon.
- Excuse-moi, je suis bête, dis-moi : qu'est-ce que tu ne comprends pas ?

Dialogue C

- Abruti !
- STOP ! On repart à zéro : pourquoi tu m'en veux exactement ?
- Abruti toi-même !
- Tu vas voir à la récré !

2. Améliorer la communication

Avec votre voisin, reformulez les phrases de ce tableau.

Nuit à la communication	Améliore la communication
Donne-moi ton stylo !	-
Tu passes ton temps à me faire des reproches !	-
Je n'ai pas compris l'exercice, donne-moi la réponse.	-
Laisse-moi tranquille !	-

3. Jeu de rôle

Avec votre voisin, imaginez que vous êtes dans un pays étranger dont vous ne parlez pas la langue. Par quels gestes exprimeriez-vous les propositions suivantes ?

Quelle heure est-il ? **J'ai froid.** **Je suis triste.** **Non, je ne veux pas.** **J'ai très soif.**

4. Place au débat philo !

Pour Aristote (philosophe grec de l'Antiquité), l'homme est le seul animal qui parle.
À votre avis, les animaux peuvent-ils communiquer ? Qu'est-ce qui distingue l'animal de l'homme ?

RETENIR

Avec vos propres mots, expliquez pourquoi il est important d'apprendre à expliquer aux autres ce que l'on ressent.

► PRENDRE SOIN DE SOI

03 Comment prendre soin de son corps ?

Introduction

Avoir une bonne image de son corps améliore la confiance en soi ; c'est pourquoi il est important d'en prendre soin. Et soigner ce corps qui change et grandit passe par l'apprentissage de ses besoins : en comprenant ce qui est bon pour lui, on peut prendre des habitudes qui permettent d'être bien dans son corps et dans sa tête !

LIRE ET RÉFLÉCHIR

Situation 1

1. Que pensez-vous du rêve de Lili de ne manger que des frites, sans varier les aliments ni les goûts ?

2. Lili affirme que ce qui est bon ne peut être mauvais. Quelle distinction ne fait-elle pas ? Une bonne alimentation, est-ce seulement une alimentation qui a bon goût ?

3. De quel risque Max parle-t-il ? Connaissez-vous d'autres risques liés à une mauvaise alimentation ?

Situation 2

1. Expliquez l'image que le père de Max et Lili utilise pour montrer l'importance d'un rythme de sommeil régulier.

2. Avez-vous pu constater qu'un mauvais sommeil pouvait avoir des conséquences dans la journée (problèmes d'apprentissage, de comportement...) ?

OBSERVER

Image 1

1. Regardez bien les détails de l'image. Faites la liste de tout ce qui n'est pas bon pour la santé dans cette situation.

2. Observez les attitudes de Lili et de Marlène. Quels effets produit leur grignotage frénétique devant la télévision ?

Image 2

Qu'est-ce qui est drôle dans l'attitude du personnage ?

Image 3

1. Analysez les expressions de Max et de sa mère. Comment voit-on qu'une dispute risque d'éclater ?

2. Que pouvez-vous dire de la composition de l'image en deux parties ?

3. Pourquoi le parallèle entre Max et son chien Pluche crée-t-il un effet comique ?

03

COMPRENDRE

Leçon

La pyramide alimentaire

Il est important de composer des **repas équilibrés** : ils permettent au corps de fabriquer, par la digestion des aliments, les différentes molécules (appelées « **nutriments** ») dont il a besoin.
Ces éléments nutritifs sont assimilés par l'organisme : c'est la **nutrition**.

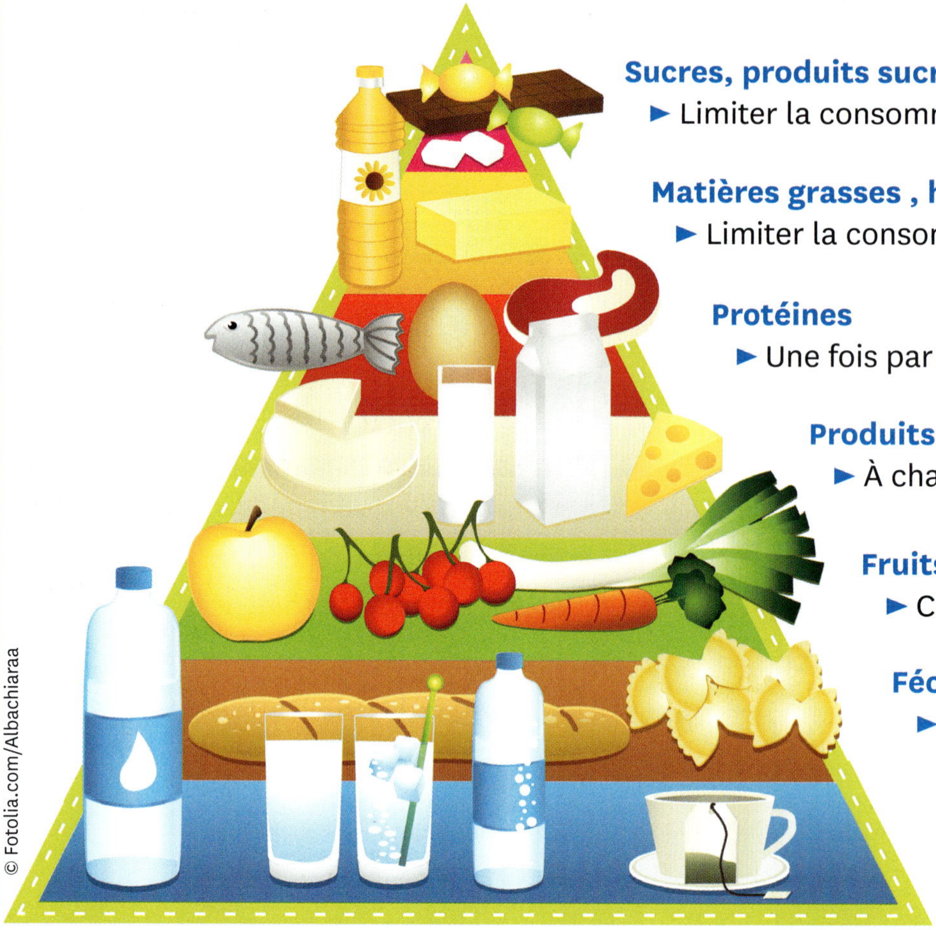

Sucres, produits sucrés
► Limiter la consommation

Matières grasses , huile et beurre
► Limiter la consommation

Protéines
► Une fois par jour

Produits laitiers
► À chaque repas

Fruits et légumes
► Cinq par jour au moins

Féculents, céréales
► À chaque repas

Eau, boissons non sucrées
► 1,5 litre par jour au moins

De quoi notre corps a-t-il besoin ?

- Voici ce que les aliments nous apportent :

- Les **protéines** (viande, poisson, œufs, produits laitiers, céréales) permettent au corps de construire et renouveler ses tissus.
- Les **lipides** (huiles végétales et beurre) garantissent le bon fonctionnement des cellules.
- Les **glucides** (sucres) fournissent de l'énergie.
- Les **fibres** (fruits, légumes, céréales) permettent le bon équilibre de l'intestin.
- Les **minéraux**, les **oligo-éléments** et les **vitamines** sont nécessaires au bon fonctionnement de l'organisme et aident à le protéger des maladies.

- Quand on mange trop, le corps reçoit plus de calories que ce dont il a besoin, et ces calories inutiles se transforment en graisse. Inversement, il n'est pas bon de manger trop peu ou de sauter des repas : sans apport calorique suffisant, on n'a pas l'énergie suffisante pour travailler en classe, réfléchir, faire du sport...

Prendre soin de son corps

L'homme est omnivore

Ce mot vient du latin *omnivorus* qui signifie « qui mange de tout » ! Aucun aliment n'apporte tous les nutriments nécessaires. Il est donc sain de **manger de tout**, en petite quantité et en variant le plus possible les aliments. Et il ne faut pas se priver de **petits plaisirs de temps en temps**, car la bonne humeur est importante aussi pour se sentir bien dans son corps !

Se dépenser pour bien dormir et bien dormir pour se dépenser

Le sport permet de dépenser des calories, afin de trouver le bon équilibre entre ce que notre corps reçoit (les apports nutritifs des aliments) et l'**énergie** qu'il dépense (dans toutes ses activités quotidiennes) : c'est la **balance énergétique**, qui se mesure en kilocalories (kcal). Le sport permet aussi d'évacuer le stress et de prendre conscience de ses capacités en se dépassant !

Il crée enfin une bonne fatigue le soir, qui elle-même assure un sommeil réparateur.

Une bonne nuit de sommeil et c'est reparti !

Bien dormir est indispensable pour la santé. En respectant « **le train du sommeil** », c'est à dire des heures de coucher et de lever régulières, le corps est ressourcé et peut attaquer sereinement une nouvelle journée ! Inversement, le manque de sommeil peut empêcher de se concentrer ou aggraver les soucis.

La propreté, c'est la santé !

- Adopter de bons réflexes pour être propre est nécessaire à la **bonne santé du corps**. C'est aussi une manière de le respecter et d'en avoir une image positive.
- Voici quelques conseils essentiels de propreté :

→ Se laver soigneusement les mains avant chaque repas.

→ Mettre la main devant sa bouche quand on éternue pour ne pas transmettre ses microbes aux autres.

→ Bien se laver les dents après les repas.

→ Informer ses parents quand on a les cheveux qui grattent : il faudra peut-être un traitement anti-poux !

→ Penser à bien désinfecter une blessure.

Louis Pasteur

- Louis Pasteur était un scientifique français du XIXe siècle qui s'est beaucoup intéressé aux microbes.
- Il a inventé le vaccin contre la rage et la pasteurisation (qui consiste à chauffer les aliments pour tuer les microbes).
- Il a montré que l'**hygiène*** **corporelle** (se laver les mains, le corps, le visage…) permettait de réduire les contaminations entre les personnes et qu'elle était donc très importante pour éviter la prolifération des maladies.

03

DÉBATTRE

1. Des habitudes pour une bonne hygiène de vie

a. Lisez les recommandations du « Programme national nutrition santé ».
b. Respectez-vous ces conseils ?
c. Avez-vous des idées pour les intégrer petit à petit dans la vie de tous les jours ?

Exemple : pour boire de l'eau « à volonté », on peut prendre l'habitude d'avoir une bouteille d'eau avec soi quand on fait de l'exercice physique, remplacer les sodas trop sucrés par de l'eau fraîche avec du citron…

2. Vrai ou faux ?

Selon vous, qu'est-ce que l'équilibre alimentaire ? Cochez les bonnes cases.

Vrai	Faux	
☐	☐	Manger la même chose tous les jours.
☐	☐	Bien répartir les calories entre les différents repas de la journée.
☐	☐	Varier les goûts et les saveurs.
☐	☐	Manger autant d'aliments sains que d'aliments très gras, sucrés, salés à faible apport nutritif.
☐	☐	Manger à des heures régulières.
☐	☐	Faire du sport pour mieux dépenser les calories apportées par l'alimentation.
☐	☐	Manger des aliments divers (des céréales, du poisson, des légumes, etc.) et variés (plusieurs sortes de céréales, de poissons, de légumes, etc.).

3. Et la bonne humeur dans tout ça ?

a. En matière de sport, d'alimentation, de sommeil et de propreté, est-ce forcément une contrainte d'adopter de bonnes habitudes ?
Exemple : on peut manger plus facilement cinq fruits et légumes par jour en les cuisinant à plusieurs, en s'amusant à inventer des recettes, en découvrant de nouvelles saveurs...
b. Connaissez-vous d'autres situations où prendre soin de son corps s'avère convivial et agréable ?

4. Des activités pour être bien dans sa peau et dans sa tête

On peut prendre conscience de son corps grâce à de nombreuses activités : l'expression corporelle, la danse, le théâtre...

a. Notez sur le papier des activités ou des situations du quotidien qui vous semblent bénéfiques pour le corps et le moral.
b. Expliquez à vos camarades ce que ces activités vous apportent.
c. Réfléchissez ensemble au rapport entre ces activités et la confiance en soi.

RETENIR

Complétez le texte avec les mots suivants :
tête - réparateur - hygiène - esprit - malade - équilibrée - corps - hygiène - dépenser.

Le soin du corps passe par une alimentation ...., un sommeil ...., du sport pour se .... et une bonne .... corporelle. Être en bonne santé, ce n'est pas seulement ne pas être .... ! Comme le disait le poète latin Juvénal, la santé du .... et celle de l' .... sont liées : une bonne .... de vie permet de se sentir bien dans sa ....

04 Comment éviter les dangers ?

Introduction

« Il ne faut pas courir, le sol est glissant ! », « Ne te penche pas à la fenêtre ! », « Attention aux prises électriques ! », « Chaud devant, casserole brûlante ! »... Tous ces avertissements que les adultes répètent sont très importants : que ce soit à la maison, à l'école ou dans la rue, être prudent permet de ne pas prendre de risques et de veiller à sa sécurité.
Apprenons ensemble les bons réflexes pour ne pas se mettre en danger ni mettre en danger les autres !

LIRE ET RÉFLÉCHIR

Situation 1

1. Qu'est-il arrivé à Max ? Pourquoi ?

2. De quoi Max se plaint-il ?

3. Comprenez-vous pourquoi les conseils de prudence et les interdictions protègent les enfants ?

Situation 2

1. Quels mots Max confond-il ici ?

2. Quel est le conseil que le médecin donne à Max ? Le comprenez-vous ?

3. La mère de Max évoque deux conséquences très graves que l'accident aurait pu entraîner. Lesquelles ?

Situation 3

1. Quelle situation dangereuse Max identifie-t-il ici ? A-t-il le bon réflexe ?

2. Selon vous, doit-il juste « faire les gros yeux » ?

3. Savez-vous quel risque précis court le petit garçon?

Situation 4

1. Que se passe-t-il dans la tête de Max ? Pourquoi ?

2. Quel risque le petit garçon court-il ?

OBSERVER

Image 1

1. Comment l'impact de l'accident est-il représenté ?

2. Avec quels réflexes de sécurité à vélo l'accident aurait-il pu être évité ?

Image 2

1. Relevez tous les détails montrant que Max est dans la lune.

2. Comment Jérôme réagit-il ? Pourquoi ?

3. À votre avis, quels risques Max court-il ?

04

COMPRENDRE

Leçon

La prudence

Prudence est mère de sûreté

- Être prudent, ce n'est pas avoir peur de tout. C'est connaître les **dangers** qui nous environnent afin de ne pas prendre de **risques**.
- C'est aussi rester **vigilant*** et adopter de bons réflexes pour éviter les **accidents**.
- On veille ainsi à sa **sécurité** et à celle de son entourage ; la **prudence** est liée au **respect de soi** et au **respect des autres**. Et pas besoin d'être casse-cou pour s'amuser : on peut jouer sans se mettre en danger ni mettre en danger les autres !

Quelques conseils de prudence à la maison

→ Attention aux surfaces brûlantes, aux casseroles chaudes, à la porte du four, au fer à repasser...
→ Ne pas toucher aux produits d'entretien, qui peuvent provoquer de graves brûlures.
→ Ne pas mettre les doigts dans une porte.
→ Ne pas toucher aux outils dangereux ni aux objets coupants.
→ Ne pas se précipiter dans un escalier ou glisser sur la rampe pour s'amuser.
→ Ne jamais se pencher à la fenêtre.
→ Ne jamais toucher une prise électrique ou des fils électriques dénudés.

Quelques conseils de prudence à l'école

→ Ne pas jouer avec ses ciseaux ou son compas.
→ Ne pas bousculer les autres dans les couloirs ou dans la cour.
→ Ne pas se balancer sur sa chaise.
→ Ne jamais s'éloigner du groupe ou partir seul lors des sorties scolaires.
→ Refuser de participer si un élève propose un jeu dangereux (se bagarrer, s'étrangler, s'asphyxier, se mettre à plusieurs contre un seul...) et aller prévenir immédiatement un enseignant ou un surveillant. **Alerter un adulte** quand sa sécurité ou celle d'un camarade est menacée, ce n'est pas rapporter. C'est **se protéger**, **protéger les autres**, et empêcher ce qui est interdit. Faire mal ou se faire mal, ça ne peut jamais être un jeu !

Quelques conseils sur la route ou dans la rue

- **À pied**

→ Respecter le Code de la route.
→ Comprendre la signification des panneaux de signalisation.
→ Bien regarder avant de traverser une route et ne pas marcher sur la chaussée.
→ Toujours traverser sur un passage piéton.
→ Attendre que le feu pour les piétons soit vert.

- **À vélo**

→ Vérifier que les freins, l'éclairage, la sonnette fonctionnent bien et que les pneus sont suffisamment gonflés.
→ Porter un casque pour se protéger.
→ Ne jamais rouler la nuit sans lumière.
→ Ne pas rouler avec des écouteurs sur les oreilles.
→ Circuler sur les pistes cyclables ou sur les autres voies autorisées.
→ Ne pas rouler trop vite, surtout si la voie est glissante à cause de la pluie.

DÉBATTRE

1. À chaque situation son réflexe de prudence !

Rattachez chaque situation au bon réflexe à avoir.

Situations dangereuses

- Je trouve un beau champignon dans la forêt .
- Je croise un chien lors d'une promenade.
- Mon ballon roule sur la chaussée.
- Je rentre à la maison trempé à cause de la pluie.
- J'entends un ami m'appeler par la fenêtre ouverte.
- Lors d'une promenade, je vois une fontaine.
- On me met au défi de boire un verre de liquide transparent trouvé dans le placard de la cuisine.
- Je vois un jeune enfant s'approcher d'une prise électrique.

Réflexes de prudence

- Je ne bois surtout pas : c'est peut-être un liquide très toxique !
- Je ne le caresse pas, car je ne sais pas quelle réaction il peut avoir.
- Je ne me précipite pas sur la route pour le récupérer.
- Je ne me penche pas par la fenêtre.
- Je ne le mange pas et ne mets pas mes doigts dans la bouche si je l'ai touché, car je risque de m'empoisonner.
- Je l'arrête tout de suite, car il risque de s'électrocuter !
- Je ne bois pas, car je ne sais pas si l'eau est potable.
- Je mets mes vêtements à sécher sur une chaise, mais pas sur un radiateur électrique où ils pourraient prendre feu.

2. Attention aux produits chimiques !

Rattachez les étiquettes des produits chimiques dangereux à leur signification.

- **Je fais flamber**
- **Je ronge**
- **Je nuis gravement à la santé**
- **Je suis sous pression**

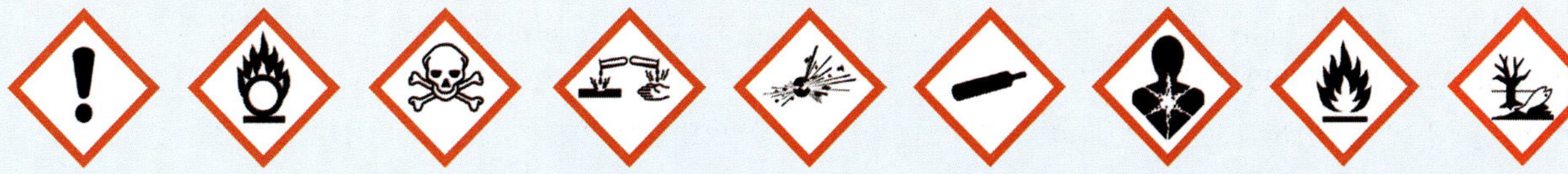

- **J'altère la santé ou la couche d'ozone**
- **Je tue**
- **J'explose**
- **Je pollue**
- **Je flambe**

Pictogrammes : © INRS

RETENIR

Complétez le texte avec les mots suivants :
dangers - averti - prudence - rechange - risques - accident - vigilant.

Il est important d'adopter des réflexes de .... pour connaître les .... et ne pas prendre de .... Comme dit le dicton, « Un homme .... en vaut deux ». Il ne faut pas oublier ce que dit le médecin de Max : nous n'avons pas de corps de .... Si l'on n'est pas ...., un .... est vite arrivé !

▶ PRENDRE SOIN DE SOI

05 Que faire en cas d'accident ?

Introduction

Sur la route, dans la rue, à l'école, à la maison, les accidents peuvent malheureusement arriver... Que doit-on faire quand on s'y retrouve confronté ? Avoir de bons réflexes peut permettre d'assurer sa sécurité et celle des autres, ou en tout cas de ne pas aggraver la situation en attendant les secours.
Apprenons ensemble les réactions qu'il faut avoir et quelques gestes simples essentiels.

LIRE ET RÉFLÉCHIR

Situation

1. Qu'est-il arrivé à Max ?

2. Quelle est la réaction de l'enfant qui a assisté à l'accident ? Est-ce une bonne réaction ?

3. Quelle consigne la directrice donne-t-elle ? Savez-vous pourquoi cette consigne est très importante ?

OBSERVER

Image

1. Pouvez-vous identifier les personnages qui ont installé Max sur un brancard à roulettes ?

2. Connaissez-vous le numéro qu'il faut composer pour les appeler ?

COMPRENDRE

En cas d'accident

Avoir les bons réflexes

- En cas d'accident, la première chose importante, c'est d'essayer de **garder son calme**. Quand on panique, on a souvent de mauvais réflexes qui peuvent aggraver la situation ou l'état de santé de la personne blessée.
- Il faut tout de suite **appeler les secours** et bien leur donner les informations nécessaires pour qu'ils puissent intervenir (son nom, l'endroit où s'est produit l'accident, la description de ce qu'on a vu...) ; bien écouter les consignes données au téléphone ; ne pas hésiter à faire répéter si on n'a pas tout compris ; et attendre jusqu'à ce qu'on ait eu l'autorisation de raccrocher.
- Lorsqu'on porte secours à une personne, il faut lui parler et **essayer de la calmer**.

Les numéros d'urgence à retenir

- Pour demander secours : **Pompiers** - 18 en France, 118 en Suisse, 112 en Belgique.
- Pour des problèmes de santé : **Ambulances** - 15 en France pour le Samu, 144 en Suisse, 112 en Belgique.
- Pour des problèmes de sécurité : **Police** - 17 en France, 117 en Suisse, 101 en Belgique.

Quelques gestes essentiels

→ En cas de **brûlure**, mettre la partie du corps concernée sous l'eau.
→ En cas de **chute** ou de **choc**, éviter de bouger la personne.
→ En cas de **coupure**, comprimer la plaie avec un tissu pour arrêter le saignement.
→ En cas de petites **blessures** ou d'**égratignures**, bien désinfecter la plaie.
→ En cas d'**évanouissement**, mettre la personne sur le côté et lui basculer la tête en arrière.

DÉBATTRE

Par petits groupes, choisissez l'une des situations suivantes et discutez ensemble pour trouver les bonnes réactions à avoir :

1. Un camarade glisse devant moi sur la route à cause de la pluie et tombe de vélo. Il a très mal au bras et se met à pleurer.
2. En jouant avec ses ciseaux, un ami se coupe le doigt et du sang se met à couler.
3. Lors d'un jeu, un ami dit qu'il a la tête qui tourne, s'allonge et ne répond plus aux questions.
4. Malgré les avertissements des adultes, mon frère ou ma sœur touche la porte du four et se brûle la main.

RETENIR

Avez-vous bien retenu les numéros d'urgence qu'il faut appeler en cas d'accident ?

06 Comment avoir confiance en soi ?

Introduction

Il n'est pas toujours facile de garder confiance en soi : on peut craindre de rater les contrôles à l'école, ne pas se sentir bien dans son corps ou penser que les autres réussissent mieux. Une mauvaise note, un chagrin d'amour, une dispute avec ses amis peuvent amener à avoir de soi une image négative...
Comment apprendre à reconnaître et à valoriser ses qualités ?

LIRE ET RÉFLÉCHIR

Situation 1

1. Comment Max se sent-il ? Pourquoi ?

2. Quelle image a-t-il de lui-même ?

3. À votre avis, les autres le voient-ils comme ça ?

4. Comment ses amis, Jérôme et Koffi, essaient-ils de le rassurer ?

Situation 2

1. À votre avis, qui Max devrait-il écouter : le Max diable ou le Max ange ?

2. Avez-vous déjà perdu confiance en vous face à un nouveau groupe d'amis ?

Situation 3

1. Comment Lucien se sent-il ? Pourquoi ?

2. Quels conseils la maîtresse lui donne-t-elle pour qu'il reprenne confiance en lui ?

3. Vous êtes-vous déjà sentis exclus d'un groupe d'amis ?

OBSERVER

Image

1. Observez l'attitude de Max. Comment voit-on qu'il a perdu confiance en lui ?

2. Qui essaie de le rassurer ? Comment ?

La confiance en soi

Autour du mot

- Le mot « confiance » vient du verbe latin *fidere* qui signifie « croire ». Avoir confiance en soi, c'est donc **croire en soi**, se dire qu'on peut réussir aussi bien que les autres, malgré les doutes et les erreurs.
- L'image que l'on a de soi varie en fonction des situations : on se sent parfois nul à cause d'une déception, tandis qu'une petite réussite, un compliment ou un mot gentil peuvent rapidement redonner confiance.
- Quand on croit en ses capacités, on se sent capable de réussir et on progresse plus facilement, **sans avoir peur de l'échec**. Et puis les erreurs, ça permet de s'améliorer et de grandir !

Découvrir ses qualités

- Certains connaissent leurs qualités et ne doutent pas d'eux. D'autres pensent qu'ils n'ont que des défauts et se remettent toujours en question.
- Il est **normal de douter de soi** : quand on craint de ne pas y arriver, quand on est amoureux et qu'on a peur de ne pas plaire, quand on aimerait faire partie d'un nouveau groupe d'amis...
- On peut cependant toujours **retrouver confiance** : une relation d'amitié qui permet de se sentir reconnu, un projet collectif où l'on apporte au groupe ses compétences, un sport qui permet de se dépasser... il y a plein de moyens pour **découvrir ses propres ressources** !
- Personne n'est parfait, mais chacun a des qualités : voilà ce qu'il faut se dire pour garder une **image positive de soi**.

Aider les autres à découvrir leurs qualités

- Dans un groupe d'amis, chacun peut **trouver sa place** et prendre conscience de ce qu'il apporte aux autres.
- Il est important d'**aider ceux qui manquent de confiance** au lieu de les exclure ou de s'en moquer. Les timides, les maladroits, les hésitants peuvent vite prendre de l'assurance lorsqu'ils se sentent compris et écoutés. Et quand on a vraiment confiance en soi, on n'a pas besoin d'écraser les autres pour se sentir exister !

DÉBATTRE

1. La confiance en soi en cinq questions

Reproduisez ce tableau et remplissez-le.

Qu'apporte la confiance en soi ?	- - -
Qu'est-ce qui peut faire perdre confiance en soi ?	- - -
Comment retrouver confiance en soi ?	- - -
Comment aider un ami qui manque de confiance en lui ?	- - -
Pourquoi n'est-il pas bon d'avoir trop confiance en soi ?	- - -

2. Les petites réussites

a. Dessinez un événement récent qui représente pour vous un succès : un exploit sportif, un spectacle, un objet que vous avez fabriqué, un bon travail à l'école...
b. Demandez-vous quelles qualités vous avez exploitées dans ce succès.

3. La liste des qualités

a. Faites la liste des choses dans lesquelles vous êtes bons (en mathématiques, en sport, pour faire rire les autres, pour les écouter...).
b. Aviez-vous conscience de toutes ces qualités ?
c. Faites la liste des qualités de votre voisin ; puis échangez vos listes pour découvrir quelles qualités vous avez selon lui.
d. Êtes-vous surpris par ce que l'autre voit en vous ?
Avez-vous découvert chez vous de nouvelles qualités ?

RETENIR

Complétez le texte avec les mots suivants :
aider - parfait - échec - nul - qualités - progrès - image - tromper.

Avoir confiance en soi, c'est savoir reconnaître ses .... : si personne n'est .... , personne n'est .... en tout ! On a le droit de se ...., car les erreurs permettent de faire des .... Pour réussir, il vaut mieux ne pas avoir peur de l'.................... . Il est important d'.................... ceux qui n'ont pas confiance en eux pour leur permettre de retrouver une bonne .... de soi.

► S'ESTIMER

07 Comment accepter les différences physiques ?

Introduction

Avec les magazines, la télévision et les films, la société donne une image réductrice de la beauté. Mais la beauté n'est pas un modèle unique, et ce qui est un défaut pour les uns peut constituer une qualité pour les autres !
On a tous des ressources pour se plaire et plaire aux autres, à condition de commencer par s'accepter...

LIRE ET RÉFLÉCHIR

Situation 1

1. Que ressent Max dans cette scène ? Pourquoi ?

2. Pourquoi cette blague est-elle méchante et irrespectueuse ?

3. Comment la maîtresse réagit-elle ? Pourquoi ?

Situation 2

1. Pourquoi Lili n'a-t-elle plus envie de faire le sketch pour le spectacle de l'école ?

2. Dans la deuxième vignette, que pensez-vous de la remarque de Valentine ?

3. Qu'est-ce que la beauté intérieure dont parle Clara ?

Situation 3

1. Lisez bien la chanson de Lili, Clara et Marlène. Quelle qualité principale exploitent-elles ici ?

2. Que pensent les autres élèves de leur sketch ?

3. Comment Lili se sent-elle grâce à ce spectacle ? Pourquoi ?

Situation 4

1. Que ressent Marlène dans chacune des vignettes ? Pourquoi ?

2. D'après vous, pourquoi ses émotions changent-elles aussi vite ?

Accepter les différences physiques

Une beauté ou des beautés ?

- On dit que la beauté est **relative** : nous ne trouvons pas tous les mêmes choses belles, et ce qui est beau pour les uns peut être laid pour les autres. La beauté dépend donc du regard, de la sensibilité et des goûts de chacun.
- Les **critères de beauté** changent selon les époques et les cultures. Par exemple, quand on regarde les tableaux du XVIIe et du XVIIIe siècles, les femmes sont dodues et très blanches, alors qu'aujourd'hui on voit plutôt des femmes minces et bronzées dans les magazines...

Accepter les différences physiques

- Nous avons tous des choses que nous aimons chez nous, d'autres que nous aimons moins et que nous aimerions changer... Quand on accepte ses différences, on trouve souvent des moyens pour **surmonter ses complexes** et tirer parti de ce qu'on a.
- Se moquer des différences physiques des autres est une attitude irrespectueuse et intolérante. Il faut alerter un adulte si on est victime de ce type de **harcèlement*** **à l'école**, qui est interdit !

Ne pas trop se soucier des apparences

Les modes changent très vite et tout le temps, alors pourquoi les suivre à tout prix ? Il vaut mieux **inventer son propre style** en fonction de sa personnalité et de ses goûts.

La beauté intérieure et le charme

- Quand on parle de beauté intérieure, on pense à toutes les qualités qui rendent une personne agréable : la générosité, la politesse, l'**altruisme***...
- Plus que la beauté physique, le sens de l'humour et de l'amitié, l'attention que l'on prête aux autres et tout ce qui fait notre **originalité** nous donnent du charme !

DÉBATTRE

1. « *Make me beautiful !* »

La journaliste américaine Esther Honig a envoyé sa photo à des graphistes de pays différents en leur demandant de la retoucher par ordinateur pour la rendre « belle ».

a. Recherchez sur Internet ce projet nommé « *Make me beautiful !* » pour trouver les vingt-quatre portraits d'Esther Honig qui ont été créés.
b. Tous les pays ont-ils la même idée de la beauté ?
c. À votre avis, de quoi dépend la beauté ?

2. Qu'est-ce qui nous rend beaux ?

a. Selon vous, quelles sont les qualités qui rendent une personne belle ?
b. Avez-vous des idées d'activités qui permettent de se sentir bien dans son corps ?

3. Qu'est-ce que la beauté ?

a. Essayez de visualiser la beauté d'un paysage, d'une œuvre d'art, d'un mouvement de danse, d'une pâtisserie, d'une couleur, d'un fruit, d'une musique...
b. Trouvez-vous d'autres critères que l'apparence physique pour définir la beauté ?
c. Choisissez chacun quelque chose que vous trouvez beau, et représentez-le sur une demi-page A4. Vous pouvez le dessiner, coller une photo trouvée sur Internet ou dans un magazine, etc.
d. Réalisez une grande fresque sur la beauté en collant tous vos dessins sur un mur de la classe.

4. Place au débat philo !

Expliquez le proverbe « L'habit ne fait pas le moine » et réfléchissez-y ensemble.

RETENIR

Complétez le texte avec les mots suivants :
beau - apparences - cultures - critères - style
époques - qualités - changent - relative - laid.

La beauté varie selon les .... et les .... : on dit qu'elle est .... Les .... de beauté sont différents selon les pays : ce qui est considéré comme .... dans l'un peut être considéré comme .... dans l'autre. L'apparence physique ne fait pas tout ; chaque personne peut avoir d'autres .... qui la rendent belle. Et il ne faut pas trop se soucier des .... : les modes .... vite, et mieux vaut inventer son propre .... !

08 Comment aider les autres ?

Introduction

« Comment vas-tu ? », « Mon pauvre... », « Je vais t'aider ! », « Est-ce que je peux faire quelque chose pour toi ? », « N'hésite pas à me parler ! »... Ces petites phrases du quotidien qui n'ont l'air de rien sont pourtant essentielles pour nous permettre d'avoir avec les autres des relations fondées sur la confiance et l'entraide. Apprenons à mieux nous écouter pour mieux nous comprendre.

LIRE ET RÉFLÉCHIR

Situation 1

1. Décrivez la situation dans laquelle se trouve Max.

2. Comment a-t-il compris que le petit garçon était en difficulté ?

3. Comment lui vient-il en aide ?

Situation 2

1. Relevez la définition que Juliette donne de l'empathie. Connaissiez-vous ce mot ? Trouvez des synonymes.

2. Êtes-vous d'accord avec Koffi ?

3. Selon Lili, que permet l'empathie ?

Situation 3

1. Où sont Lili, Clara et Léo ?

2. Que font-ils pour soutenir Zigzou et lui changer les idées ?

OBSERVER

Image

1. Comment Marlène se sent-elle ? Citez plusieurs détails qui permettent d'identifier ses émotions.

2. Par quel geste Clara et Lili essaient-elles de la réconforter ?

3. Comment voit-on qu'elles se sentent concernées par sa souffrance ?

4. Observez l'expression des autres personnages. À votre avis, que ressentent-ils ?

08

COMPRENDRE

Aider les autres

Autour du mot

Le mot « **empathie** » vient des mots grecs *en* et *pathos* qui signifient « dans la souffrance » : c'est notre capacité à ressentir et partager la souffrance de l'autre **en se mettant à sa place**. Il appartient à la même famille que « sympathie » (bienveillance, gentillesse) et « antipathie » (malveillance, méchanceté).

Les gestes de l'empathie

Les manières de venir en aide aux autres sont variables et dépendent des situations. On peut commencer par écouter l'autre pour essayer de **comprendre** sa souffrance. On peut discuter avec l'autre pour l'aider à exprimer ses sentiments et **partager** avec lui sa propre expérience. Lorsque la situation est grave ou dangereuse, il faut **chercher de l'aide** et penser à **alerter** les bonnes personnes. Dans tous les cas, la **présence** et la **discrétion** sont des moyens sûrs pour montrer à l'autre qu'il est entouré.

L'empathie dans la République

- Voici la devise de la République française : « Liberté, Égalité, Fraternité ». En choisissant la **fraternité** parmi ses valeurs, la République française a mis l'empathie au cœur de son projet : être fraternel, c'est sentir qu'on appartient tous à la famille de l'humanité et qu'on a le devoir de s'entraider.
- L'empathie est aussi liée à la **solidarité**, sentiment qui nous pousse à nous protéger mutuellement au sein de la communauté.

Les petits conseils pour aider les autres

→ Être attentif aux signes du corps de l'autre (regard, expressions du visage, gestes) pour identifier ses émotions.
→ Essayer de le réconforter et de lui changer les idées.
→ Essayer de le faire rire : rien de tel parfois qu'une petite blague pour retrouver le moral !
→ Ne pas brusquer une personne qui souffre : exprimer la cause de sa tristesse ou de sa souffrance peut être difficile.
→ Ne pas révéler les secrets de l'autre, sauf si sa santé ou sa sécurité sont menacées.
→ Prévenir immédiatement un adulte si un ami ou un camarade est harcelé par un autre ou par un groupe d'élèves : le harcèlement* est grave et interdit !

DÉBATTRE

1. Apprendre à aider les autres

Savez-vous comment réagir pour secourir une personne qui souffre ?
Rattachez avec un trait chaque situation à la solution possible.

Situations	Solutions
Alex a des difficultés en classe.	Je lui propose mon aide pour traverser la route.
Julie souffre de maltraitance à la maison.	J'essaie de l'écouter et de comprendre pourquoi.
Karim se sent triste.	Je lui conseille d'alerter un adulte responsable.
Doumé a mal à la tête.	Je lui propose de l'accompagner chez elle.
Sonia a peur de rentrer toute seule.	Je porte son cartable.
Marco n'a pas beaucoup d'amis.	Je lui propose de lui expliquer la leçon.
Émilie a le bras cassé.	Je l'accompagne à l'infirmerie.
Je vois que le monsieur là-bas a une canne blanche.	Je préviens immédiatement l'enseignant.
Lucie est harcelée par des élèves de la classe.	J'essaie d'apprendre à le connaître et de découvrir ses qualités.

2. Et vous ?

Reproduisez ce tableau et notez avec votre voisin des exemples d'entraide que vous avez pu observer ou auxquels vous avez participé.

Exemples d'aide dans une famille	- - -
Exemples d'aide à l'école	- - -
Exemples d'aide dans la ville	- - -

3. Place au débat philo !

À votre avis, pourquoi l'entraide nous rend-elle plus humains ?

RETENIR

1. Avec vos propres mots, donnez une définition de l'empathie.
2. Expliquez ce qu'est pour vous l'entraide en donnant des exemples.

▸ SE SENTIR MEMBRE D'UNE COLLECTIVITÉ

09 Qu'est-ce que le handicap ?

Introduction

Vivre avec un handicap est un défi quotidien. On se sent différent, et il faut apprendre à se débrouiller, à se faire accepter. Mais à l'école, avec ses amis, on peut trouver sa place parmi les autres pour être heureux comme n'importe qui !
Comprenons ensemble ce qu'est le handicap pour mieux aider les personnes qui en ont un.

LIRE ET RÉFLÉCHIR

Situation

1. Comment les élèves réagissent-ils quand ils voient arriver Alex dans la classe ?

2. Qui accepte finalement qu'Alex s'asseye à côté de lui ?

3. Votre classe a-t-elle déjà accueilli un enfant avec un handicap ?

OBSERVER

Image

1. D'après ce dessin, que ressent Alex ?

2. Selon vous, que se disent le père et le fils qui se retournent sur son passage ? Que pensez-vous de ces regards insistants sur les personnes handicapées ?

3. À votre avis, peut-on être handicapé et mener une vie proche de celle des autres ?

COMPRENDRE

Le handicap

Les différents handicaps

Une **personne valide** est en pleine possession de toutes ses capacités mentales et physiques. Une **personne malvoyante** (aveugle) voit mal ou pas du tout. Une **personne paralysée** a un ou plusieurs membres de son corps qu'elle ne parvient plus à faire bouger. Une **personne malentendante** (sourde) perçoit mal ou pas du tout les sons. Une personne qui souffre d'un **handicap mental** n'a pas pu développer toutes les capacités de son cerveau.

Changer notre regard

Toutes les personnes handicapées ont les **mêmes droits** qu'une personne valide. Mais elles ont besoin de nous pour accomplir certaines tâches, et nous avons le devoir de les **soutenir** et de les **aider**. Il faut aussi veiller à leur **intégration** sociale en ne les excluant pas, en leur faisant une place dans le groupe.

Les associations

Des **associations*** nationales, de ville ou de quartier, viennent en aide aux personnes handicapées et à leurs familles. La **solidarité*** est fondamentale pour l'intégration des personnes handicapées dans la société.

DÉBATTRE

1. Lisez cet extrait de l'article 23 de la Convention relative aux droits de l'enfant.

> **1.** Les États parties reconnaissent que les enfants mentalement ou physiquement handicapés doivent mener une vie pleine et décente, dans des conditions qui garantissent leur dignité, favorisent leur autonomie et facilitent leur participation active à la vie de la collectivité. [...]
> **3.** L'aide fournie [...] est gratuite chaque fois qu'il est possible, [...] elle est conçue de telle sorte que les enfants handicapés aient effectivement accès à l'éducation, à la formation, aux soins de santé, à la rééducation, à la préparation à l'emploi et aux activités récréatives, et bénéficient de ces services de façon propre à assurer une intégration sociale aussi complète que possible et leur épanouissement personnel, y compris dans le domaine culturel et spirituel.

2. Soulignez dans ce texte tous les mots qui insistent sur l'aide à apporter aux enfants handicapés.

3. D'après le texte, la vie en collectivité des enfants handicapés est-elle possible ?

RETENIR

Que retenez-vous de notre devoir d'hommes et de citoyens envers les personnes handicapées ?

► SE SENTIR MEMBRE D'UNE COLLECTIVITÉ

10 Qu'est-ce qu'une relation d'amitié ?

Introduction

Se dire des secrets, faire de « petites » bêtises ensemble, échanger des images ou les meilleures blagues, construire des cabanes, partir à l'aventure ou inventer mille et un jeux… les activités à partager avec ses amis ne manquent pas et rendent chaque jour la vie plus belle. Alors reconnaissons les vraies amitiés et préservons-les ! Apprenons ensemble comment construire et garder un lien d'amitié.

LIRE ET RÉFLÉCHIR

Situation 1

1. Lili et Clara se sont disputées. Quelle solution trouvent-elles pour se comprendre ?

2. Quelle solution trouvent-elles pour se réconcilier ?

3. Qu'est-ce qui montre qu'elles ont retrouvé leur complicité ?

Situation 2

1. Que se passe-t-il dans cette scène ?

2. À quel droit fondamental de l'amitié Lili fait-elle allusion ?

3. À votre avis, Marlène et Clara montrent-elles ici qu'elles ont confiance en l'amitié de Lili ?

4. Que pensez-vous de la solidarité entre Marlène et Clara, les deux amies de Lili ? Vous paraît-elle juste ?

OBSERVER

Image 1

1. Que comprenez-vous de la situation en regardant l'image ?

2. Que ressentent Lili et Clara ? Comment le savez-vous ?

3. Quel est l'élément comique dans cette image ? Pourquoi ?

Image 2

1. Quels gestes montrent l'amitié qui unit Lili et Clara ?

2. D'après l'image, quels sentiments les deux amies éprouvent-elles ?

3. Quel sentiment Max éprouve-t-il de son côté ?

10

COMPRENDRE

Leçon

L'amitié

Autour du mot

- Le mot « amitié » vient du latin et a la même racine que le verbe *amare* qui signifie « aimer ». L'amitié est un **sentiment d'affection** qui unit deux personnes. C'est une relation très forte, c'est pourquoi elle est précieuse.
- Elle repose sur des valeurs de **fidélité** (c'est une relation qui dure longtemps) et de **confiance** en l'autre (c'est une relation profonde).
- Elle est fondée sur une relation **réciproque** et **égale** ; il faut être au moins deux, mais on peut aussi être amis à trois, à quatre... jusqu'à former un groupe d'amis.
- En dehors des véritables amis, on peut aussi bien s'entendre avec un copain, un camarade de classe ou un voisin.

Les avantages de l'amitié

- L'amitié permet d'avoir, en dehors de la famille, des personnes que l'on aime, que l'on comprend et qui comptent, des personnes qui en retour nous aiment, nous comprennent et pour qui l'on compte.
- Elle rend plus fort : il est toujours plus facile d'**affronter les difficultés de la vie** quand on peut se confier à l'autre et compter sur son soutien.
- L'amitié rend la vie plus belle, car elle permet de **partager les émotions** : rire ou pleurer ensemble, vivre des expériences, passer de bons moments.

Les difficultés de l'amitié

- Comme toute relation, l'amitié subit parfois des secousses : des disputes, des incompréhensions, des mots qui font de la peine, des petites trahisons qui peuvent éloigner des amis... Pour sortir de la solitude et de la tristesse d'avoir perdu un ami, de lui avoir causé du chagrin ou d'en avoir ressenti à cause de lui, il est nécessaire de **communiquer** et de pouvoir **exprimer ses sentiments** pour s'expliquer.
- Être ami, cela ne veut pas forcément dire tout faire pareil et oublier d'être ce que l'on est. Au contraire, les différences enrichissent les relations d'amitié et rendent les amis complémentaires. Il est aussi important de **garder sa liberté de pensée*** : on peut décider de ne pas suivre un ami si l'on n'est pas d'accord avec ce qu'il propose ou ce qu'il pense.

DÉBATTRE

1. Plus ou moins amis !

Classez ces propositions de la relation la moins profonde à la relation la plus forte.

		1				
une connaissance	**un meilleur ami**	**un contact sur les réseaux sociaux**	**un voisin sympathique**	**un copain/ une copine**	**un camarade de classe**	**un coéquipier de sport**

2. Vraie ou fausse amitié ?

Ces situations correspondent-elles à une vraie ou à une fausse amitié ?
Cochez les bonnes cases.

Vraie	Fausse	
☐	☐	Le caïd de la cour se moque des chaussures de Vincent. Lucas prend sa défense.
☐	☐	Nadir a toujours une blague sous la main pour distraire quelqu'un qui a du chagrin.
☐	☐	Aïcha connaît un secret sur Fanny. Mais un secret, c'est un secret, elle ne le dira à personne !
☐	☐	Pour rendre Lisa jalouse, Maya veut lui piquer son amoureux.
☐	☐	Marc aime écouter les autres et leur donner des conseils quand ils ont des problèmes.
☐	☐	Nicolas aime écouter les autres pour pouvoir répéter ensuite leurs secrets.
☐	☐	Julien ne veut pas que son ami, Martin, ait d'autres amis.
☐	☐	Sarah laisse souvent son amie, Laura, se faire insulter par les garçons.

3. Place au débat philo !

La Bruyère (écrivain du XVIIe siècle) a beaucoup écrit sur les hommes et leur façon de se conduire dans la société. Voici ce qu'il affirme : « L'on ne peut aller loin dans l'amitié, si l'on n'est pas disposé (prêt) à se pardonner les uns aux autres les petits défauts. » Comment comprenez-vous cette phrase ? Êtes-vous d'accord ?

RETENIR

Complétez le texte avec les mots suivants :
disputes - confiance - partager - communiquer - comprendre - fidélité.

L'amitié est fondée sur la .... mutuelle et sur la .... Elle permet de vivre ensemble des émotions et de .... des expériences. Elle est parfois interrompue à l'occasion de .... Dans ce cas, il faut trouver des moyens pour .... et parvenir à se ....

► SE SENTIR MEMBRE D'UNE COLLECTIVITÉ

11 Comment trouver sa place dans le groupe ?

Introduction

Le « groupe », la « bande », le « clan », l'« équipe »... Il y a bien des façons de nommer les groupes que l'on forme avec les autres, autour de points communs que l'on a envie de partager. Si le groupe a l'avantage d'empêcher d'être seul et de favoriser les relations d'amitié, il peut parfois être source de tristesse lorsqu'on a du mal à y trouver sa place ou lorsqu'on oublie de rester soi-même en présence des autres.
L'univers scolaire est parfois brutal et sans pitié...
Alors, comment intégrer ceux qui se sentent rejetés ?

LIRE ET RÉFLÉCHIR

Situation 1

1. Quel comportement les élèves de la classe ont-ils avec Lucien, le « nouveau » ?

2. Pourquoi n'est-ce déjà pas très gentil de le surnommer comme ça ?

3. À votre avis, pourquoi Lucien regarde-t-il Max et son ami Jérôme ?

4. Comment Lucien répond-il aux insultes ?

Situation 2

1. Comment voit-on que Valentine se sent supérieure ?

2. Quel effet produit l'obsession d'avoir des vêtements de marque et de suivre la mode ?

OBSERVER

Image 1

1. Donnez des adjectifs pour décrire ce groupe.

2. D'après l'expression de leurs visages, comment les personnages se sentent-ils ?

3. Comment voit-on que Max et Lili sont bien intégrés dans leur groupe d'amis ?

Image 2

1. Que se passe-t-il dans cette image ?

2. Lili fait-elle partie du groupe de filles qu'on voit sur la gauche ?

3. À votre avis, quelles émotions ressent chacun des personnages ?

11

COMPRENDRE

Leçon

Trouver sa place dans le groupe

Qu'est-ce qu'un groupe ?

• Un groupe est composé de plusieurs personnes qui s'entendent bien, qui ont des points communs, qui partagent des passions ou des centres d'intérêt. Le groupe forme une **unité**, mais rassemble des **membres différents**.

• Chacun prend une place dans le groupe en fonction de sa **personnalité** : il y a ceux qui aiment proposer des activités, ceux qui préfèrent suivre les envies des autres, ceux qui font des plaisanteries, ceux qui savent écouter et conseiller...

• Chaque rôle est important et **enrichit** le groupe : comme pour le corps humain, qui a besoin de chaque membre et de chaque organe afin de fonctionner normalement, toutes les personnes d'un groupe contribuent à le rendre uni et heureux.

Comment trouver sa place ?

• On trouve sa place dans le groupe en connaissant ses qualités et en les mettant à l'œuvre dans le cadre de la communauté. Il faut **respecter sa singularité** et ne pas chercher à se fondre dans la masse en oubliant ce que l'on est.

• Pour avoir des **relations saines** avec les autres, on évite de colporter des médisances*, de lancer des rumeurs ou d'y croire, de se faire des idées sur les gens sans chercher à les comprendre...

Les qualités du groupe

• Faire partie d'un groupe permet d'**échanger des idées ou des émotions** et de se sentir soutenu. Il est agréable d'établir des relations avec des personnes qui nous ressemblent et qui peuvent comprendre ce que l'on ressent.

• En cas de difficulté, la **solidarité*** entre les membres d'un groupe est précieuse : elle peut apporter à tous de l'aide et du réconfort.

Les défauts du groupe

• Le risque, lorsque l'on appartient à un groupe, est d'oublier sa propre personnalité en suivant toujours les goûts des autres plutôt que les siens. Par exemple, on peut garder sa liberté pour choisir ses vêtements et ne pas tomber dans l'**uniformisation***.

• L'« **effet de groupe** » peut entraîner les membres du groupe à participer à une décision ou une activité qu'ils n'auraient pas voulu faire seuls : il faut bien veiller à garder son **esprit critique*** et sa **liberté de pensée*** pour ne faire que ce que l'on décide de faire, sans subir l'influence ou la pression du groupe.

DÉBATTRE

1. Et vous ?

a. Quels sont les différents groupes auxquels vous appartenez (famille, amis, classe, équipe de sport…) ?
b. Avez-vous la même place, le même rôle, dans ces différents groupes ?
c. Y a-t-il autour de vous des groupes auxquels vous aimeriez appartenir ?

2. L'envie d'être populaire

a. Qu'est-ce qu'« être populaire » selon vous ?
b. On peut souvent en avoir envie, mais pensez-vous que ce soit toujours une position souhaitable ?

3. Les bons et les mauvais côtés du groupe

Avec votre voisin, réfléchissez à ces propositions et cochez les bonnes cases.

Positif	Négatif	
☐	☐	Trop prendre en compte le regard des autres.
☐	☐	Affirmer ce que l'on est.
☐	☐	Être fier de son style vestimentaire.
☐	☐	Se ranger toujours à l'avis des autres.
☐	☐	Être sûr de ce que l'on pense et avoir confiance en son jugement.
☐	☐	Apprendre à connaître les autres sans idées toutes faites.
☐	☐	Envier les vêtements de marque de son ami.
☐	☐	Ne pas oser dire que l'on n'est pas d'accord.
☐	☐	Refuser de faire quelque chose que l'on désapprouve.
☐	☐	Toujours craindre d'être exclu du groupe.
☐	☐	Avoir confiance en ses relations amicales.
☐	☐	N'exister que dans le regard des autres.

4. Le groupe et l'originalité de chacun

a. Faites la liste des qualités que vous pensez apporter aux groupes dont vous faites partie.
b. Faites la liste des singularités de votre personnalité qui permettent à ces groupes de ne pas être uniformes.

RETENIR

1. Décrivez ce qu'est pour vous un groupe heureux.
2. Pour vous, quelles sont les valeurs nécessaires au groupe ?

► SE SENTIR MEMBRE D'UNE COLLECTIVITÉ

12 Comment lutter contre le harcèlement ?

Introduction

Le quotidien à l'école peut se transformer en cauchemar pour celui ou celle qui subit les rapports de force entre élèves et se retrouve la victime des «caïds» ou des «populaires» de la cour de récré. Des moqueries incessantes aux insultes répétées, en passant par la violence physique, le harcèlement est malheureusement courant dans les écoles. Pour mieux le repérer et le combattre, apprenons à bien en identifier les signes et à avoir les bons réflexes afin de savoir se défendre ou de venir en aide aux victimes.

LIRE ET RÉFLÉCHIR

Situation 1

Valentine a posté sur son blog une photo de Lili en train de se changer dans les vestiaires. Lili vient d'apprendre la nouvelle.

1. De quoi Lili a-t-elle peur ?

2. Pensez-vous que la mère de Lili jugerait que ce n'est « rien » ? Rendre publique la photo de quelqu'un pour s'en moquer, est-ce que ça peut n'être qu'un jeu ou une plaisanterie ?

3. Publier sur Internet la photo d'une personne sans son accord est interdit par la loi. Comment s'appelle le droit de Lili que Valentine n'a pas respecté ?

Situation 2

Depuis quelques jours, Valentine, Jennifer et Sarah font vivre un enfer à Lili en se moquant d'elle et en cherchant tous les moyens pour la faire souffrir. Lili s'est défendue en donnant un coup à Valentine. La maîtresse intervient…

1. La maîtresse prend-elle la situation au sérieux ? Pourquoi ?

2. Faire souffrir un camarade, est-ce que ça peut n'être qu'un « jeu », comme le pense Valentine ?

3. Les autres élèves ont-ils eu raison de ne pas « rapporter » ?

OBSERVER

Image 1

1. Décrivez ce qu'il se passe dans cette image.

2. Combien sont-ils à attaquer Max ? Ont-ils l'air d'avoir le même âge ?

3. Comment le dessinateur représente-t-il la violence de la scène ?

4. D'après l'expression de son visage et d'après la position de son corps, quelles émotions Max ressent-il ?

Image 2

1. À votre avis, que se passe-t-il dans cette petite scène ?

2. Pourquoi peut-on dire que le garçon en rouge fait preuve de courage ?

Leçon

Lutter contre le harcèlement

Qu'est-ce que le harcèlement ?

Le **harcèlement** à l'école correspond à une **violence répétée** qu'un ou plusieurs élèves font subir à un ou à des élèves. Le ou les **agresseurs** cherchent à dominer leur **victime**, à l'obliger à obéir ou à l'humilier pour qu'elle finisse par se sentir seule et inférieure.

Les différentes formes de harcèlement

- Le harcèlement peut prendre des formes différentes : les injures, moqueries, fausses rumeurs et tous les **mots blessants** peuvent être considérés comme du harcèlement lorsqu'ils sont répétés.
- Lorsqu'un agresseur entretient un sentiment de peur chez sa victime et exerce une pression sur elle, il s'agit d'un **harcèlement moral et psychologique**.
- Le harcèlement peut aussi aller jusqu'à la **menace physique** lorsque la victime subit des **violences**.
- Avec le développement d'Internet et notamment des réseaux sociaux, on parle de **cyberharcèlement** lorsqu'un agresseur vole l'identité de quelqu'un, publie des photographies ou des commentaires pour atteindre la dignité de sa victime, etc.
- Le **racket**, enfin, est un type particulier de harcèlement qui peut aller très loin : c'est un vol d'argent ou d'objets que le racketteur obtient en intimidant, en menaçant ou en frappant sa victime.

Le harcèlement est interdit

Toutes les formes de harcèlement, même celles qui ressemblent à un jeu ou qui n'ont pas l'air graves, sont absolument **interdites** par les règlements intérieurs des établissements. Mais le harcèlement est également **puni par la loi**, qui prévoit de punir les agresseurs.

Rapports de force et effets de groupe

- Il est grave d'être **complice** d'une situation de harcèlement. On devient complice dès lors qu'on assiste à des scènes de harcèlement sans **prendre la défense de la victime** (si on ne risque pas de se mettre soi-même en danger) ou sans **prévenir les adultes**.
- Alors attention aux effets de groupe et à l'influence des « leaders » : il n'est **jamais juste**, **jamais légitime** et **jamais autorisé** de faire souffrir un autre élève ni de laisser quelqu'un se moquer d'un autre élève ou le brutaliser.

DÉBATTRE

1. « Le harcèlement, toi aussi tu peux en devenir la cible. »

a. Observez attentivement cette affiche. Que ressentez-vous en voyant cet élève ?
b. Que produisent les effets d'ombre et de lumière ?
c. Quels types de harcèlement les différentes mains symbolisent-elles ?
d. À votre avis, pourquoi certains mots écrits au tableau sont-ils barrés ?
e. Quelle solution pour lutter contre le harcèlement l'affiche suggère-t-elle ?

2. Comprendre ce qu'est le harcèlement

Complétez ces phrases et discutez-en avec votre enseignant.

► Un enfant est harcelé lorsque ....

....

► Quand un enfant veut en harceler un autre, c'est pour ....

....

► Quand on se moque de manière répétée du physique d'un enfant, c'est du harcèlement, car ....

► Le harcèlement n'est pas un jeu, c'est ....

....

3. C'est juste pour rire ou c'est grave ?

Parfois, on ne se rend pas compte qu'on peut blesser quelqu'un en croyant seulement jouer.
Parmi ces mots, qu'est-ce qui est « juste pour rire » et qu'est-ce qui est grave?
Discutez-en tous ensemble et placez ces mots sous la flèche selon leur gravité.
Attention, il peut y en avoir plusieurs à la même place :

donner un coup - inventer des histoires sur quelqu'un - humilier quelqu'un jouer - se moquer - harceler - taquiner - injurier.

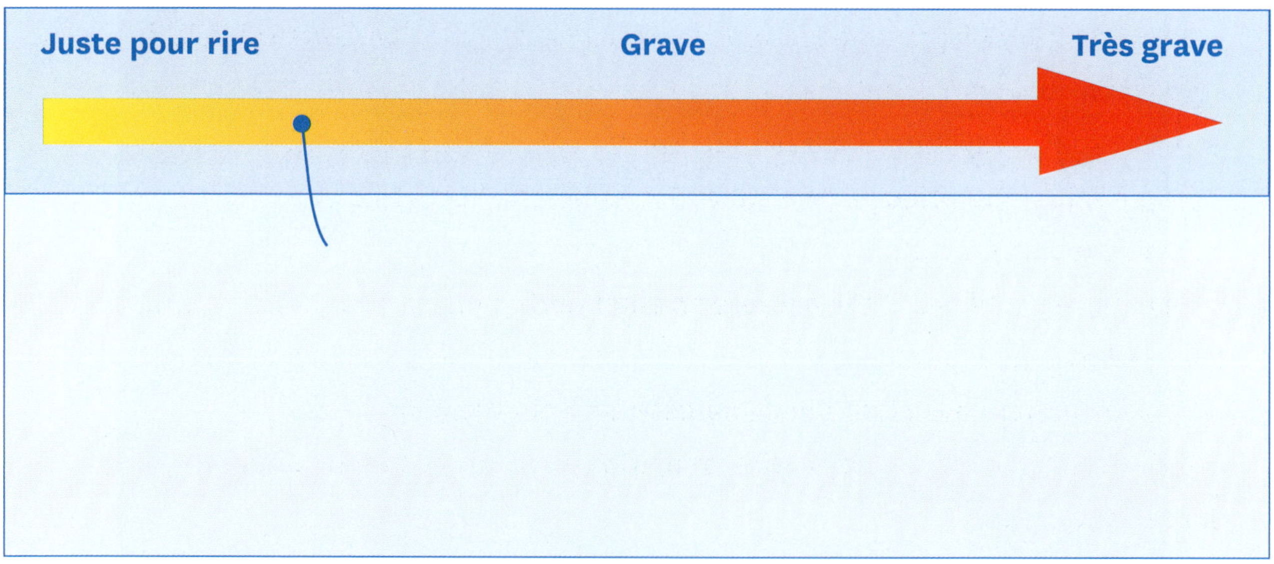

4. Les conséquences du harcèlement

a. Avec votre voisin, imaginez les sentiments éprouvés par les élèves harcelés à l'école.
b. À votre avis, quelles peuvent être les conséquences du harcèlement pour les victimes ?

5. Harcèlement, qui peut m'aider ?

En discutant avec votre voisin, en cherchant des informations sur Internet, remplissez le « Mémo des bons réflexes ».

MÉMO DES BONS RÉFLEXES FACE AU HARCÈLEMENT

Si je suis victime de harcèlement :

→ Pour soulager ma souffrance, je peux commencer par en parler à des .... de mon âge, mais il faut aussi absolument prévenir un .... de la situation.

→ Dans ma famille, je peux en parler à.. .

→ À l'école, je peux en parler à.. .

Si je suis témoin d'un harcèlement :

→ Je refuse de croire aux arguments de ceux qui disent que « ce n'est qu'un .... » ou que l'élève harcelé « le mérite ».

→ Si je reconnais une situation de ...., je comprends que c'est très .... et qu'il faut faire quelque chose.

→ L'élève harcelé est en effet en .... et j'ai le devoir de l'aider.

→ Je peux prendre sa défense. Mais si je risque de me mettre moi-même en danger, je n'essaie pas de régler seul le problème : je fais appel à un ....

Qui peut m'aider ?

→ Je peux parler discrètement à un/une enseignant/e en allant le/la voir à la fin du cours ou en me rendant dans la salle des ....

→ Je peux en parler à un/une surveillant/e ou à M./Mme .... le/la conseiller/ère principal/e d'éducation en allant dans son bureau qui se situe ....

→ Je peux me confier à l'infirmier/ère en allant le/la trouver à l' .... qui se situe ....

→ Je peux parler de la situation de harcèlement directement à M./Mme .... le/la directeur/trice en allant dans son bureau qui se situe ....

→ Je peux aussi contacter les numéros suivants :
« Non au harcèlement » au .... ou « Net écoute » au .... en France,
« Ligne d'aide Pro Juventute » au .... en Suisse,
« Écoute-Enfants » au .... en Belgique.

RETENIR

Avec vos propres mots, expliquez ce qu'est le harcèlement à l'école.

LA RÈGLE ET LE DROIT

DES PRINCIPES POUR VIVRE AVEC LES AUTRES

COMPÉTENCES

- Comprendre les règles du vivre ensemble
- Obéir aux règles et comprendre les sanctions
- Comprendre les principes de la démocratie

▸ COMPRENDRE LES RÈGLES DU VIVRE ENSEMBLE

13 Qu'est-ce que le respect ?

Introduction

Dans les lieux publics, des écriteaux nous invitent au respect avec des formules comme « Prière de respecter ces lieux ». En début d'année, le règlement de l'école précise qu'il faut respecter les professeurs et respecter le matériel.
Dans la vie, on entend qu'il faut respecter ses parents et les grandes personnes.
Dans la loi, il y a des règles à respecter. Le respect est partout, à tous les niveaux, si bien qu'on ne sait plus toujours de quoi on parle...
Finalement, qu'est-ce que le respect ? Qui concerne-t-il ?

LIRE ET RÉFLÉCHIR

Situation 1

1. Qu'est-ce que Max ne respecte pas ?

2. Qui Max ne respecte-t-il pas ?

3. Quel ami de Max rappelle les règles à suivre ?

4. Quel autre personnage fait preuve d'un manque de respect ? Pourquoi ?

Situation 2

1. Comment Max s'est-il comporté ?

2. Quelle définition du respect le grand-père de Max donne-t-il ?

3. Qu'est-ce que le judo lui a appris ?

Situation 3

1. Que veut dire Lili en parlant de « comédie » ?

2. Relevez les trois règles que la mère de Lili propose pour un dialogue respectueux.

OBSERVER

Image 1

1. Citez au moins trois éléments montrant que Max se comporte de manière irrespectueuse.

2. Que ressentent Lili et les autres passagers ? Pourquoi ?

Image 2

1. Comment voit-on que Max est sans-gêne avec ses grands-parents ?

2. Quel personnage ajoute une pointe d'humour à la scène ?

COMPRENDRE

Leçon

Le respect

Un droit et un devoir

Le respect est à la fois un **droit** et un **devoir**. Parce que je suis une personne, les autres doivent me respecter. C'est aussi en tant que personne que j'ai le devoir de respecter les **autres**, ainsi que les **règles** et les **lieux** dans lesquels je me trouve.

Le respect de soi

- Le respect commence par soi-même : pour bien vivre avec les autres, il faut d'abord être capable de se connaître et de **s'estimer**.
- Il est important de **respecter son corps** en répondant aux besoins naturels : bien se nourrir, bien s'hydrater, bien dormir, ne pas pousser trop loin les performances sportives.
- Il faut aussi **respecter ce que l'on est** : reconnaître ses qualités et exercer son esprit critique* pour ne pas subir la pression des autres ni faire quelque chose qu'on ne souhaite pas faire.

Le respect des autres

- Parce qu'on ne vit pas seul mais toujours dans un groupe, on a le devoir de traiter les autres avec respect. Le respect commence par une **communication polie** et une **attitude bienveillante** : dire « s'il te plaît », « merci », « pardon », c'est déjà respecter l'autre.
- Le respect est aussi lié à la **tolérance** : on doit accepter que l'autre puisse avoir un autre avis, aimer d'autres choses, croire en une autre religion ou en d'autres valeurs.

Le respect de l'autorité

- En tant qu'enfant, il faut **respecter l'autorité de ses parents et des autres adultes**. Ils n'exercent pas une autorité pour ennuyer les enfants ; parce qu'ils sont plus âgés, ils ont plus d'expérience et peuvent établir les règles permettant aux enfants de se former et de grandir.
- En tant qu'élève, on doit respecter tous ceux qui assurent l'**éducation**, la **sécurité** et la **vie scolaire** dans l'établissement.

Le respect du matériel et des lieux

- Aucun objet ne surgit de nulle part comme par magie : c'est toujours le **fruit d'un travail**. Quelqu'un a passé du temps à le concevoir, à le créer, un autre l'a commercialisé, un dernier l'entretient pour qu'il fonctionne toujours. Respecter un objet, c'est respecter toute cette chaîne d'êtres humains qu'on ne soupçonne pas forcément !
- À l'école, le **respect du matériel** est primordial. Les tables, les casiers, les ordinateurs, les murs de la cour et les toilettes appartiennent à tout le monde. Chacun a le droit de les utiliser dans un bon état de fonctionnement et de propreté. Détériorer le matériel scolaire, c'est empêcher les autres de vivre confortablement à l'école... et s'empêcher soi-même d'en profiter à nouveau !

DÉBATTRE

1. Les adultes à l'école

Repassez dans votre tête une journée d'école et faites la liste de tous les adultes que vous avez croisés et qui assurent votre sécurité, votre surveillance, votre formation…

2. Quel type de respect ?

Classez dans le tableau les différents types de respect :

a. Je ne jette pas mon papier par terre.
b. Je dis « bonjour » en arrivant.
c. Je me couche si je sens que je suis fatigué.
d. Je n'écris pas sur une porte.
e. Je demande pardon à quelqu'un que j'ai blessé.
f. Je me tais si on me demande le silence.
g. Même en colère, je ne recours pas aux insultes.
h. Je ne force pas quelqu'un à faire quelque chose qu'il ne veut pas faire.
i. Je n'« emprunte » pas le tapis de souris de l'école pour l'emmener chez moi.
j. Je ne bouscule pas les autres dans les escaliers.
k. Je lève la main pour demander la parole.
l. J'obéis à une consigne de sécurité.
m. Je ne pousse pas les autres dans la queue de la cantine.
n. Je laisse les toilettes propres après mon passage.
o. Je dis « merci » à la personne qui me tend mon assiette à la cantine.
p. J'arrive à l'heure pour un rendez-vous avec un enseignant.
q. Je veille à équilibrer mon alimentation.

Je me respecte	Je respecte l'autre	Je respecte les lieux

3. Le respect en sept lettres

Trouvez des mots ou des expressions liés à l'idée de respect et qui commencent par les lettres du mot.

Regarder dans les yeux

E……………………………………………………………………………

S……………………………………………………………………………

P……………………………………………………………………………

E……………………………………………………………………………

C……………………………………………………………………………

T……………………………………………………………………………

RETENIR

1. Envers qui ou quoi doit-on manifester du respect ?
2. Selon vous, qu'apporte le respect aux relations humaines ?

► COMPRENDRE LES RÈGLES DU VIVRE ENSEMBLE

14 Qu'est-ce que la politesse ?

Introduction

Dire « bonjour », « merci », « s'il te plaît », ne pas parler la bouche pleine, attendre son tour, bien tenir ses couverts...
On apprend toutes ces règles (et bien d'autres !) quand on est enfant...
Mais pourquoi la politesse est-elle si importante ? Et sans elle, que se passerait-il ?

LIRE ET RÉFLÉCHIR

Situation 1

1. Comment Lili se comporte-t-elle ?

2. Comment parle-t-elle à ses amies Valentine et Marlène ?

3. Comment ses amies réagissent-elles ? Pourquoi ?

4. Quel mot très vulgaire l'auteure a-t-elle mis dans la bouche de Lili ? À votre avis, pourquoi a-t-elle fait ce choix ?

Situation 2

1. Décrivez l'attitude de Lili.
2. Comment comprenez-vous la seconde réplique de sa mère ?
3. Max a-t-il raison de protester ?

Situation 3

1. Comment Max se comporte-t-il ?
2. Que ressent la dame de la cantine ?

OBSERVER

Image

1. Que fait Lili sur cette image ?
2. Qui est représenté au second plan ? Que ressent ce personnage face à l'attitude de Lili ?
3. Étudiez les expressions des parents de Lili. Que ressentent-ils ?

COMPRENDRE

La politesse

Autour des mots

- La **politesse** est l'ensemble des règles qui permet d'avoir un **comportement social agréable et respectueux**. Le mot « politesse » vient en effet du verbe latin *polire* qui signifie « polir » : grâce à la politesse, les relations sociales sont plus lisses, plus harmonieuses.
- Le mot « **civilité** » vient du latin *civis*, qui veut dire « citoyen » ; il renvoie aux règles que l'on partage quand on vit en collectivité.
- Le **savoir-vivre**, enfin, consiste à faire preuve de **respect** et de **courtoisie***.

Soi et les autres

Les gestes et les mots de politesse sont les signes du **respect** que l'on porte aux autres. Parce qu'on vit en **collectivité**, on doit se maîtriser pour que les relations humaines ne soient pas difficiles ou orageuses ! **Contrôler ses émotions** est donc important : calmer sa colère pour ne pas être injurieux, exprimer sa joie et s'amuser tout en respectant la tranquillité des autres, bien parler aux autres quand on a plutôt envie de bouder ou de se montrer désagréable…

La politesse à l'école

À l'école, les règles de politesse sont importantes : les élèves doivent **se respecter les uns les autres** et **respecter les adultes** qui sont chargés de les former. Quand on parle bien à ses camarades et à ses professeurs, quand on fait attention aux autres à la cantine ou dans la cour de récré, c'est agréable de **vivre ensemble à l'école** !

La politesse et la civilité

- La politesse permet d'avoir de **bonnes relations** avec sa famille, ses amis, ses camarades, mais aussi avec toutes les autres personnes qui composent son quotidien.
- Dans la sphère publique, grâce aux **attitudes civiles**, on peut partager sereinement les **espaces communs** : parler doucement au téléphone dans les transports, ne pas mettre ses pieds sur les sièges au cinéma, rouler sur les pistes cyclables et pas sur les trottoirs… Au contraire, les **incivilités**, c'est-à-dire tous les mots et toutes les attitudes irrespecteuses envers les autres, rendent la vie en collectivité difficile. Être un **bon citoyen**, c'est aussi savoir **bien se comporter avec les autres** dans les espaces que l'on partage avec eux.

DÉBATTRE

1. Et vous ?

a. Comprenez-vous pourquoi la politesse est importante ?
b. Que ressentez-vous quand quelqu'un se montre impoli envers vous ?

2. Concours de proverbes

Certains proverbes sur la politesse sont poétiques, comme celui-ci : « Un mot aimable est comme un jour de printemps » (proverbe russe). À vous d'inventer de jolis ou d'amusants proverbes sur la politesse !

3. La politesse dans le monde

Dans certains pays, les règles de politesse sont très différentes des nôtres.
a. Faites une recherche pour savoir dans quel pays on se salue en s'inclinant vers l'avant, les mains jointes sur la poitrine.
b. Recherchez les différentes coutumes pour se dire bonjour selon les pays.

4. Oui ou Non ?

Ces comportements respectent-ils les règles de politesse ?
Cochez « Oui » ou « Non ».

Oui	Non	
☐	☐	Pointer quelqu'un du doigt.
☐	☐	Dire « merci » à la dame de la cantine.
☐	☐	Faire des messes basses.
☐	☐	Dire « madame/monsieur » quand on ne connaît pas la personne.
☐	☐	Couper la parole aux autres.
☐	☐	Dire « bonjour » quand on entre dans un magasin.
☐	☐	Dire des gros mots.

5. Place au débat philo !

Que pensez-vous de ce proverbe tunisien : « La politesse est une clef d'or qui ouvre toutes les portes » ? Discutez tous ensemble et argumentez vos réponses.

RETENIR

1. Avec vos propres mots, expliquez ce qu'est la politesse et à quoi elle sert.
2. Avez-vous retenu ce qu'est la civilité ?

► COMPRENDRE LES RÈGLES DU VIVRE ENSEMBLE

15 Comment lutter contre le racisme ?

Introduction

Dans un monde où les hommes voyagent et se mélangent beaucoup, on a tous le droit de vivre dignement sur la Terre, sans souffrir de la haine ni du mépris. Rejeter l'autre parce qu'il a une nationalité ou une origine différente, c'est refuser l'égalité entre tous les hommes et la fraternité qui nous relie les uns aux autres. Comprenons ensemble ce qu'est le racisme afin d'être mieux armés pour lutter contre lui !

LIRE ET RÉFLÉCHIR

Situation 1

1. Décrivez ce qu'il se passe dans ces vignettes.
2. Quel genre d'insultes profère Michel, le garçon avec le pull vert ?
3. Est-il respectueux des différences ?
4. Comment Max et Koffi réagissent-ils ?

Situation 2

1. Quelle définition du racisme le père de Koffi donne-t-il ?

2. Selon lui, qu'est-ce qui peut susciter le racisme ?

3. Selon la mère de Koffi, qu'est-ce qui permet d'être plus tolérant ?

OBSERVER

Image

1. Quelles similitudes et quelles différences observez-vous entre Max et Koffi ?

2. Quelle relation les unit ? Comment le voit-on ?

3. Quel personnage apparaît au second plan ? À votre avis, pourquoi est-il fâché ?

15

COMPRENDRE

Leçon

Lutter contre le racisme

Autour du mot

Le racisme est le fait de considérer que certains hommes sont inférieurs à d'autres en raison de leur origine, de leur couleur de peau ou de leur religion. Le racisme nie donc l'**égalité** de tous les hommes, qui est affirmée dans la **Déclaration des droits de l'homme et du citoyen*** de 1789 et dans la **Déclaration universelle des droits de l'homme*** de 1948. Or le racisme est **faux scientifiquement** : nous avons tous les mêmes ancêtres, et il n'y a pas de races différentes d'êtres humains !

Le refus du racisme

- Les hommes ont souvent peur de ce qu'ils ne connaissent pas. Pour parler de l'attitude de rejet face à ce qui est étranger, on parle de « **xénophobie** ». Ce mot vient du grec *xénos* (« étranger ») et *phóbos* (« peur ») : il signifie donc « qui craint l'étranger ». Les **personnes immigrées**, c'est-à-dire les personnes qui ont quitté leur pays pour vivre dans un autre, peuvent être victimes d'attitudes xénophobes.
- La loi punit les comportements et les actes racistes. Inciter à la haine raciale, prononcer des injures racistes, publier un texte raciste sont des **actes interdits**, passibles d'amendes et/ou de peines de prison.

La richesse des différences

Grâce aux voyages et à Internet, on peut facilement découvrir comment on vit dans d'autres pays. Les personnes immigrées emportent avec elles leur culture dans leur pays d'accueil. En s'y intéressant, on enrichit sa vision du monde, on découvre des coutumes, des musiques, des saveurs différentes… La **tolérance** et l'**ouverture d'esprit** permettent de vaincre les idées toutes faites et de découvrir d'autres cultures sans les juger inférieures.

Les migrants

On appelle « **migrants** » les populations qui arrivent en Europe ou ailleurs parce qu'elles étaient en danger ou parce que leurs conditions de vie étaient trop dures dans leur pays. Ces hommes, ces femmes et ces enfants qui fuient la guerre ou la pauvreté voyagent dans des conditions très dangereuses. Dans le pays où ils arrivent, ils doivent s'adapter à un nouveau climat, une nouvelle langue, de nouvelles coutumes, souvent dans des conditions d'extrême pauvreté. Aider les migrants et leur tendre la main, c'est être humain.

DÉBATTRE

1. Et vous ?

a. Avez-vous déjà été témoins d'actes ou de propos racistes ?
b. Qu'avez-vous ressenti et comment avez-vous réagi ?
c. Selon vous, d'où vient cette peur de l'étranger ?

2. Dénoncer le racisme

a. Inventez une suite à la situation 1 de la rubrique « Lire et réfléchir » qui oppose Michel à Max et Koffi : imaginez le discours du surveillant expliquant à Michel pourquoi les injures racistes ne sont pas acceptables.
b. Mettez en scène votre petit texte devant les autres en jouant le rôle du surveillant.

3. Comprendre les mots autour du racisme

a. Faites une recherche pour trouver le sens de ces mots : « exclusion », « antisémitisme », « discrimination », « ségrégation ».
b. Comprenez-vous pourquoi il faut refuser toutes ces attitudes intolérantes ?

4. Martin Luther King

Faites une recherche sur Martin Luther King et répondez aux questions suivantes :

- Contre quoi Martin Luther King s'est-il battu ?
- Que défendait-il ?
- Quelles actions a-t-il organisées ?
- Comment s'appelle le discours célèbre qu'il a prononcé en 1963 ?
- Quel prix a-t-il reçu pour sa lutte contre le racisme ?

5. STOP au racisme !

a. Recherchez sur Internet des associations qui luttent contre le racisme.
b. Choisissez-en une et expliquez ses objectifs et ses actions.

RETENIR

1. Avec vos propres mots, expliquez ce qu'est le racisme.
2. Quel principe de la Déclaration des droits de l'homme et du citoyen le racisme refuse-t-il ?

16 À quoi servent les règles ?

► OBÉIR AUX RÈGLES ET COMPRENDRE LES SANCTIONS

Introduction

Ne pas se bagarrer, dire « merci », ne pas jeter son chewing-gum par terre, respecter le Code de la route, lever la main avant de parler, ne pas copier sur son voisin...
Que de règles ! On peut trouver qu'il y en a trop, à l'école, à la maison, dans la société, et qu'elles ne sont là que pour nous embêter !
Mais alors... pourquoi y en a-t-il autant ?

LIRE ET RÉFLÉCHIR

Situation 1

1. Comment Max se comporte-t-il ?

2. Que montre la maîtresse aux élèves ?

3. Qui a rédigé ce règlement ? Qui doit le signer ?

4. En avez-vous un dans votre classe ? Connaissez-vous celui de votre école ?

Situation 2

1. Est-ce facile pour Max de respecter les règles du jeu ?

2. Que lui fait remarquer Clara ?

3. Le jeu serait-il possible sans règles ?

Situation 3

1. Quelles règles Max ne respecte-t-il pas ici ?

2. Que ressentent les grands-parents ?

OBSERVER

Image

1. Qu'arrive-t-il à Max ?

2. Quelles règles n'a-t-il pas respectées ici ?

3. Dans la seconde image, avec quels détails l'effet de mouvement est-il représenté ?

16

Leçon

COMPRENDRE

Les règles

Autour du mot

- La règle définit une **manière de se comporter** avec les autres ou dans un lieu particulier : il y a des règles de politesse, des règles de vie, des règles sur la route… et même des règles du jeu quand on joue aux cartes ! Le règlement correspond à un ensemble de règles pour une communauté particulière : à l'école par exemple, les parents et les élèves signent le **règlement intérieur** de l'établissement.
- À l'échelle de la société, la règle se transforme en **loi**. Ce mot vient du latin *lex* qui signifie « règle écrite » : ce sont les normes que les hommes ont mises par écrit pour se mettre d'accord sur la manière de vivre ensemble. La loi précise ainsi ce qui est **autorisé** et ce qui est **interdit** pour tous les citoyens d'un même pays. Ces derniers sont **égaux devant la loi**.

À quoi servent les règles ?

Les règles viennent contraindre nos libertés : elles définissent ce qu'on a le droit ou non de faire. C'est pourquoi on a parfois du mal à les accepter ; pourtant, elles sont toujours là pour assurer la **sécurité** et le **bonheur** de la **collectivité**. C'est pour assurer la sécurité des nageurs qu'il est interdit de courir à la piscine ; c'est pour garantir une atmosphère agréable qu'on établit comme règle de politesse de dire « bonjour » quand on entre dans un magasin. Si on prend le temps de réfléchir au sens d'une règle, on comprend pourquoi elle est nécessaire… et il est alors plus facile de la respecter !

Qui décide des règles et des lois ?

- La **règle** est définie par ceux qui sont **responsables** : les parents et les enseignants ont le devoir d'informer les enfants et les élèves des règles qu'il faut suivre pour vivre heureux, dans le respect et la sécurité.
- La loi est décidée par des élus dans le système politique de la **démocratie**. Ce mot vient du grec *dêmos* (« le peuple ») et *kratos* (« le pouvoir ») : la démocratie est donc le **régime politique dans lequel le peuple a le pouvoir**. Dans une démocratie, les lois sont en effet décidées par des représentants du peuple : en France, les députés de l'Assemblée nationale et les sénateurs du Sénat. Ils forment ensemble le pouvoir législatif.

DÉBATTRE

1. Et vous ?

a. Y a-t-il des règles dans votre école que vous ne comprenez pas ?
b. Quelles sont celles que vous avez le plus de mal à respecter ? Pourquoi ?
Discutez-en avec votre enseignant et vos camarades.

2. Fais pas ci, fais pas ça !

a. Notez les raisons qui expliquent selon vous ces règles :

- ► S'arrêter au feu rouge : ....
....
- ► Obéir à l'arbitre dans un match de foot : ....
....
- ► Ne pas faire de graffitis dans la rue ou sur des biens publics : ....
....
- ► Ne pas jeter ses déchets dans la nature : ....
....
- ► Mettre sa main devant la bouche quand on éternue : ....
....

b. Comparez vos arguments et discutez-en tous ensemble.

3. Un monde sans règles

Dessinez une situation de non-respect des règles et ses conséquences.

4. Place au théâtre !

a. Mettez en scène ces situations, en inventant des dialogues quand elles concernent plusieurs personnes.
b. Rejouez ensuite les mêmes scènes lorsque les règles sont respectées.

RETENIR

Complétez le texte avec les mots suivants :
adultes - responsables - vie - lois - collectivité - règles.

À l'école comme dans la ...., enfants et .... doivent être des êtres humains .... : ils doivent connaître et respecter les .... et les ...., qui ont été pensées pour rendre possible la vie en ....

► OBÉIR AUX RÈGLES ET COMPRENDRE LES SANCTIONS

17 À quoi servent les sanctions ?

Introduction

L'école ainsi que la société ont mis en place des sanctions lorsque les règles ne sont pas respectées. Mais quand on est élève, quand on est enfant, on ne comprend pas toujours le sens des punitions, qui peuvent entraîner colère ou tristesse...
À quoi servent donc les sanctions ?

LIRE ET RÉFLÉCHIR

Situation 1

1. Que se passe-t-il dans cette scène ?

2. Pour quelles raisons Max est-il puni ?

3. Que ressent-il ?

4. Quelle est la sanction donnée par la maîtresse ?

Situation 2

Max et Lili ont volé des bonbons, puis ils ont tout avoué à leurs parents.
Ils sont venus présenter leurs excuses au boulanger...

1. Comment Lili se sent-elle ?

2. Quelle idée le boulanger a-t-il ?

3. Quel est le but de cette sanction ?

Situation 3

1. Selon le père de Doumé, pourquoi chaque société établit-elle des lois ?

2. À quoi sert la prison ?

3. Savez-vous ce qu'est la « réinsertion » ? Comment les prisonniers peuvent-ils préparer leur réinsertion ?

Situation 4

Max a été racketté par Nicolas et deux collégiens. Heureusement, ses parents, prévenus par Lili, sont intervenus et ont porté plainte. Les trois racketteurs sont convoqués au tribunal...

DANS LE CABINET DU JUGE DES ENFANTS...

1. Qui est le personnage à droite ?

2. Quelles sanctions donne-t-elle aux trois racketteurs ?

3. Cherchez ce qu'est une « admonestation » et essayez d'expliquer le sens de « mesure de réparation ».

4. Que pensez-vous du sujet de la lettre que les racketteurs devront écrire ?

17

COMPRENDRE

Les sanctions

Autour du mot

- La **sanction** est une punition qui suit le **non-respect d'une règle**. Dans la société, quand une loi n'est pas respectée, le **pouvoir judiciaire** doit en effet **appliquer les sanctions** prévues par la loi.
- On parle de **gradation de la sanction** : plus la faute commise est grave, plus la sanction est importante.

Les sanctions à l'école

À l'école, les sanctions sont faites pour que tous les élèves puissent **vivre et travailler ensemble** dans les meilleures conditions possibles. Elles permettent de comprendre pourquoi certains comportements sont interdits et pourquoi on a mal agi. Elles montrent que l'on doit être **responsable** de ses actes et avoir conscience de leurs conséquences.

Connaître les règles et les sanctions

Les élèves doivent savoir ce qu'ils risquent s'ils ne respectent pas les règlements de la classe et de l'établissement. De même, dans la société, on dit que « **nul n'est censé ignorer la loi** » : un citoyen a le devoir de s'informer pour connaître les règles et les sanctions prévues dans son pays.

Les sanctions et la justice

- Quand une **infraction** est commise (c'est-à-dire quand quelqu'un enfreint une loi), on applique des **sanctions** appelées des « **peines** ». Elles sont décidées par les **tribunaux** et sont là pour nous **rappeler les lois**, qui protègent les droits de chacun. Elles ont pour but de **réparer les dommages causés**.
- Un **délit**, par exemple, est un acte grave et interdit, qui est sanctionné par une peine prévue par la loi.
- Une **incivilité** est un acte irrespectueux et impoli, mais qui n'est généralement pas puni par le Code pénal*.

La réparation

La sanction est liée à l'idée de **réparation**, car on a le **droit de se racheter**. À l'école, après la punition, on reprend normalement sa vie d'élève. Quand un citoyen a été sanctionné par une peine et qu'il l'a purgée, il redevient un citoyen comme un autre. C'est pourquoi on doit donner à celui qui sort de prison les chances de se réinsérer dans la société.

DÉBATTRE

1. Et vous ?

Y a-t-il des sanctions que vous ne comprenez pas dans le règlement de votre école ?

2. Délit ou incivilité ?

Ces exemples sont-ils des délits ou des incivilités ? Cochez les bonnes cases.

Délit	Incivilité	
☐	☐	Parler fort avec son voisin au cinéma.
☐	☐	Voler dans les magasins.
☐	☐	Bousculer les autres dans la rue.
☐	☐	Ne pas céder sa place dans le bus à une personne âgée.
☐	☐	Publier un article avec des injures racistes.
☐	☐	Racketter quelqu'un.
☐	☐	Monter dans le métro sans laisser d'abord les autres voyageurs en descendre.
☐	☐	Doubler dans les files d'attente.

3. Quelle sanction ?

Rattachez chaque faute commise à la juste sanction.

Fautes	Sanctions
Ne pas faire ses devoirs. ●	● Nettoyer le mobilier scolaire abîmé.
Dessiner sur sa table d'école. ●	● Avoir un mot dans son carnet scolaire et un devoir supplémentaire.
Harceler un autre élève. ●	● Refaire le contrôle.
Copier sur son voisin. ●	● Conseil de discipline et poursuite pénale si la victime ou ses parents portent plainte.

4. Pas de bagarre !

Alors que vous devez surveiller deux jeunes enfants, vous assistez à une dispute et l'un d'entre eux donne un coup à l'autre.

- Que pourriez-vous faire pour empêcher la bagarre ?
- Que pourriez-vous expliquer à l'enfant qui a frappé l'autre pour lui montrer que le recours à la violence n'est pas légitime ?
- Comment feriez-vous pour assurer un retour au calme ?

RETENIR

Avez-vous compris pourquoi la sanction est liée à l'idée de réparation ?

► COMPRENDRE LES PRINCIPES DE LA DÉMOCRATIE

18 Quels sont nos droits et nos devoirs ?

Introduction

« Ai-je le droit de faire ça ? », « Suis-je obligé de respecter cette loi ? », « Que va-t-il m'arriver si je n'obéis pas à cette règle ? » : il est nécessaire de se poser ces questions pour bien comprendre ce que sont nos droits et nos devoirs, en tant que citoyens, en tant qu'hommes ou femmes, en tant qu'enfants et en tant qu'élèves. Quand on comprend que nos droits et nos devoirs nous protègent, on les respecte plus facilement.
Pourquoi nos droits et nos devoirs nous permettent-ils de vivre ensemble ?

LIRE ET RÉFLÉCHIR

Situation

1. De quel type de « devoirs » Max et sa mère parlent-ils ?

2. Faire ses devoirs, est-ce un devoir ou un droit, ou les deux ? Pourquoi ?

3. À votre avis, pourquoi est-ce important d'avoir le droit de se tromper ?

OBSERVER

Image

1. À quel devoir Max obéit-il ?

2. De quel droit Alex, son ami handicapé, profite-t-il ?

3. D'après l'expression de leurs visages, diriez-vous que respecter les droits et les devoirs de chacun rend plus heureux ?

COMPRENDRE

Les droits et les devoirs

Autour des mots

- On parle « des droits » et « des devoirs » au pluriel, car il existe un grand nombre de règles à respecter dans la société pour que chacun puisse **être libre et en sécurité**.
- Les **droits**, ce sont les règles qui **permettent** à tous les membres d'une société de vivre ensemble. Les **devoirs,** ce sont les règles que la loi ou la morale nous **obligent** à suivre.

Les droits et les devoirs à tous les niveaux

- **À la maison**, la loi oblige les parents à protéger leurs enfants ; les enfants ont quant à eux le devoir de respecter leurs parents. Toute la famille a droit à la liberté, à l'aide sociale et à l'égalité.
- **À l'école**, les élèves bénéficient du droit à l'éducation ; ils ont aussi le devoir de respecter les règles de vie de la classe et de l'établissement. Les enseignants ont le droit d'exercer librement leur métier ; ils ont aussi le devoir de respecter les règles de l'établissement.
- **Dans la ville**, les habitants ont le droit d'être libres et en sécurité ; ils ont également le devoir de respecter le Code de la route et toutes les lois de la société.

- **Dans la société**, les citoyens doivent respecter les lois ; ils ont aussi le droit d'exprimer leurs opinions en votant lors des élections et le droit d'exprimer leur opposition par les grèves* ou les manifestations*. Bref, les droits et les devoirs, c'est partout et tout le temps !

Des contraintes qui assurent le bonheur

- Même quand elles sont pénibles, les lois et les règles sont faites pour **assurer le bonheur collectif** (dans la famille, à l'école, dans la ville et la société).
- Nous sommes **tous égaux devant les lois** : elles sont valables pour tout le monde, et personne ne peut y échapper.
- Ainsi, nous sommes tous **protégés** de la même façon et tous **responsables** devant la loi : lorsqu'on ne la respecte pas, on risque une sanction.

18

DÉBATTRE

1. Qui suis-je ?

Nos droits et nos devoirs dépendent de notre identité : il faut donc bien savoir qui l'on est pour connaître les droits qui nous protègent et les devoirs auxquels nous sommes soumis !

Remplissez cette « carte d'identité ».

Dessinez ici votre portrait ou collez votre photo	Je m'appelle ....
	Je suis de nationalité ....
	Je suis de sexe ....
	Je suis élève dans l'établissement scolaire ....
	Je suis un habitant de la ville de ....

2. Mes devoirs à la maison, à l'école et dans la ville

Classez ces propositions dans le tableau :

a. Je traverse quand le feu piéton est vert.
b. J'obéis aux consignes de mes parents.
c. J'apporte le matériel dont j'ai besoin en classe.
d. J'écoute l'enseignant.
e. Je participe aux tâches collectives du quotidien.
f. Je ne vole pas dans les magasins.
g. J'aide une personne aveugle à traverser la route.
h. Je révise mon contrôle.
i. Je respecte ma sœur/mon frère.
j. Je paie pour prendre l'autobus.
k. J'arrive à l'heure en classe.
l. Je ne jette pas mon chewing-gum par terre.

Mes devoirs à la maison	Mes devoirs à l'école	Mes devoirs dans la ville

3. Les droits fondamentaux

Classez ces propositions dans le tableau :

a. Exprimer ce que l'on pense.
b. Appeler la police en cas de besoin.
c. Aller chez le médecin.
d. Que l'on soit riche ou pauvre, être traité de la même façon.
e. Manger des fruits et des légumes.
f. Exprimer son choix en votant aux élections.
g. Que l'on soit une fille ou un garçon, être traité de la même façon.
h. Avoir une signalisation routière efficace.
i. Apprendre à lire et à écrire.

Droit à la liberté	Droit à l'égalité	Droit à l'éducation	Droit à la santé	Droit à la sécurité

4. Droit ou devoir ?

Il y a bien des manières d'exprimer les droits et les devoirs.

Répartissez ces propositions dans les deux schémas :

a. Je dois...
b. Je suis obligé...
c. J'ai le droit...
d. J'ai la possibilité...
e. Il faut que...
f. Il est permis...
g. Il est interdit de...
h. Il est autorisé de...
i. La loi exige que...

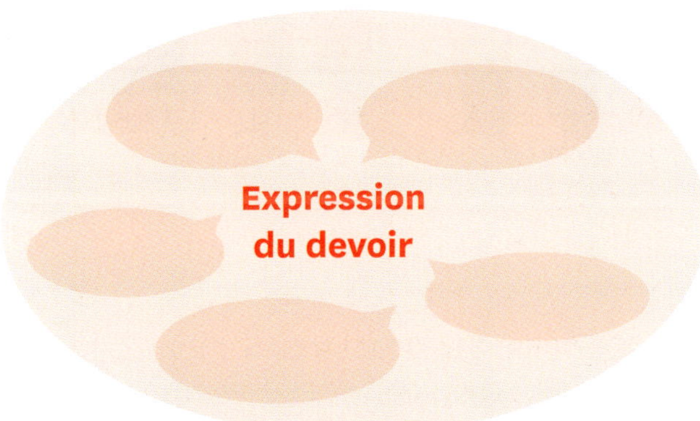

RETENIR

Complétez le texte avec les mots suivants :
santé - droits - société - enfant - libres - devoirs - école - sécurité - fondamentaux.

En tant que citoyen, j'ai des .... et des .... à respecter pour vivre dans la .... J'ai aussi, en tant qu' .... , des droits et des devoirs qui commencent à la maison et se poursuivent à l'..................... . Toutes ces règles ne sont là que pour assurer nos droits .... : droit d'être .... , d'être égaux, de vivre en .... et en bonne ....

► COMPRENDRE LES PRINCIPES DE LA DÉMOCRATIE

19 Comment respecter l'égalité des droits ?

Introduction

Des chanteurs s'engagent dans leurs chansons pour défendre les droits des hommes et des femmes. Des écrivains prennent la plume pour faire l'éloge de l'égalité. Des artistes cherchent à dénoncer les discriminations. Si l'égalité des droits inspire tant les arts, c'est parce que c'est une préoccupation humaine très importante. Connaissez-vous une chanson, un film, un livre ou un tableau qui défend l'égalité de tous ?

LIRE ET RÉFLÉCHIR

Situation

1. Pourquoi Marion a-t-elle menti sur sa maison ?

2. À votre avis, pourquoi ressent-elle de la honte ?

3. Savez-vous comment l'État essaie de remédier aux inégalités ?

OBSERVER

Image

1. Comment le dessinateur montre-t-il que tous ces personnages sont égaux ?

2. Malgré tout, il y a des différences entre eux. Lesquelles ?

3. Et devant la loi, sont-ils égaux ?

COMPRENDRE

L'égalité des droits

Autour du mot

Le mot « égalité » signifie d'abord l'**égalité mathématique** : 2 est égal à 2 ! Il devient une **notion politique** quand il est appliqué non plus à des chiffres, mais à des êtres humains. Lili « est égale » à Max, c'est-à-dire qu'ils sont **égaux en droits** : ils ont les mêmes droits, ils obéissent aux mêmes devoirs, ils sont protégés par les mêmes lois.

La devise républicaine

Voici la devise de la République française : « Liberté, Égalité, Fraternité ». La **liberté**, c'est la possibilité de faire tout ce qui ne nuit pas à autrui ; l'**égalité**, c'est le fait que la loi est la même pour tous les citoyens ; la **fraternité**, c'est le fait de considérer les hommes comme des frères et des sœurs que l'on aide et que l'on protège.

Les menaces pour l'égalité

Pour assurer l'égalité, il faut lutter contre les **discriminations**, c'est-à-dire contre tous les comportements qui menacent l'égalité des hommes et des femmes en prétextant une différence sociale, raciale, physique, mentale ou une différence de genre.

DÉBATTRE

Tous égaux !

Rattachez chaque situation à la solution qui assure l'égalité des droits dans la société.

Situations	Solutions
Alex est en fauteuil roulant et se rend à la bibliothèque municipale. ●	● Elle a la nationalité française.
Elsa veut être pompier. ●	● Si elle réussit la formation, elle pourra faire ce métier au même titre qu'un homme.
Jacques est au chômage après un licenciement. ●	● La ville a mis en place un système sonore aux feux pour qu'il puisse traverser.
Axelle n'a pas assez d'argent pour emmener ses enfants en vacances. ●	● Il peut bénéficier d'une allocation le temps de retrouver du travail.
Les parents de Fatma sont d'origine étrangère mais elle, elle est née en France. ●	● Heureusement, le centre aéré de la ville propose des activités à petits prix !
Carlos est aveugle et marche avec une canne blanche. ●	● Une rampe d'accès lui permettra d'entrer dans le bâtiment.

RETENIR

Avec vos propres mots, dites ce qu'est pour vous l'égalité.

► COMPRENDRE LES PRINCIPES DE LA DÉMOCRATIE

20 Comment respecter l'égalité entre les filles et les garçons ?

Introduction

Y a-t-il des couleurs pour les filles et des couleurs pour les garçons ? des métiers réservés aux femmes et des métiers réservés aux hommes ? des activités interdites aux femmes et d'autres qui excluent les hommes ? Les garçons et les filles ont des différences qu'il faut respecter, mais ces différences ne peuvent pas justifier des attitudes de mépris. L'égalité entre les filles et les garçons doit être un objectif à poursuivre, partout et toujours !

LIRE ET RÉFLÉCHIR

Situation 1

1. Qui se dispute dans cette scène ?
2. Quelles remarques des garçons sont méprisantes à l'égard des filles ?
3. Quel mot la maîtresse utilise-t-elle pour désigner cette attitude ?
4. Quelles remarques des filles sont des idées reçues sur les garçons ?

Situation 2

1. Que s'est-il passé entre aujourd'hui et les générations des mères et des grands-mères des quatre amies ?

2. Qui s'est battu pour l'égalité homme-femme ?

3. Selon Clara, est-ce une victoire totale ?

OBSERVER

Image

1. Par quels moyens Lili essaie-t-elle de se transformer en femme adulte ?

2. Qu'imagine-t-elle ? Dans ce rêve, l'égalité homme-femme est-elle respectée ?

3. Quelles émotions ressent chaque personnage (la Lili réelle, la Lili du rêve, le Hugo du rêve) ? Pourquoi ?

20 COMPRENDRE

Leçon

L'égalité entre les filles et les garçons

L'égalité dans la vie publique

- La loi prévoit une **stricte égalité entre les hommes et les femmes** : les mêmes droits et les mêmes devoirs s'appliquent à tout le monde.
- La Convention internationale des droits de l'enfant* précise aussi l'égalité entre les filles et les garçons.
- Lorsque les droits des femmes ne sont pas respectés, on parle de **discrimination entre les sexes** (par exemple payer moins une femme qu'un homme pour le même métier).
- Dans la société, on essaie de favoriser la **mixité** en ouvrant tous les métiers aussi bien aux femmes qu'aux hommes.
- Dans la vie politique, on essaie d'assurer la **parité**, c'est-à-dire le fait d'avoir dans le Gouvernement autant de femmes que d'hommes afin que tous les citoyens et toutes les citoyennes soient représentés.

La force des stéréotypes

- Malgré les progrès de l'égalité homme-femme, il reste encore du chemin à faire : même quand les lois garantissent les mêmes droits, il faut du temps pour **changer les mentalités**.
- On doit lutter contre le **sexisme**, c'est-à-dire contre les attitudes méprisantes que des hommes peuvent avoir envers les femmes. Pour cela, il est important de combattre les **clichés*** et les **stéréotypes*** : après tout, pourquoi y aurait-il des métiers, des couleurs, des activités, des goûts spécifiquement féminins ou spécifiquement masculins ?

Le féminisme

Le **féminisme** est un ensemble de pensées qui veulent assurer l'égalité politique, sociale et économique entre les femmes et les hommes. Son but est de **défendre les droits des femmes** partout, sans exception. Les idées de libération des femmes ont toujours existé : depuis l'Antiquité, à chaque grande époque historique, et partout dans le monde.

DÉBATTRE

1. Un peu d'histoire

L'égalité homme-femme s'est construite progressivement.
Voici quelques dates importantes :

1924 : les programmes scolaires et le baccalauréat deviennent identiques pour les filles et les garçons.

1938 : les femmes gagnent leur autonomie juridique et ne sont plus sous l'autorité légale de leur mari ou de leur père.

1944 : les femmes peuvent voter.

1947 : pour la première fois, une femme est nommée ministre au Gouvernement.

1972 : la loi prévoit une égalité de salaire entre les femmes et les hommes.

1975 : la « loi Veil » permet aux femmes de contrôler leur grossesse.

1995 : l'Observatoire de la parité entre les femmes et les hommes est créé. Il a pour mission de vérifier qu'il y a autant de femmes que d'hommes en politique et en économie.

2008 : une loi protège les femmes des discriminations entre les sexes au travail.

a. Que pensez-vous de cet historique ?
b. Pour chaque date, quel droit des femmes est concerné ?

2. Stop aux idées reçues !

Les idées toutes faites sur la différence entre les garçons et les filles ne manquent pas.
Complétez tous ensemble les phrases suivantes.

► On dit que les filles ....,
pourtant ....
► On dit que les garçons ....,
en réalité ....
► On dit que les garçons ....,
cela ne veut pas dire que ....
► Même si le plus souvent les filles ....,
parfois ....
► Les filles et les garçons sont différents ....,
mais ....
► On dit que les femmes ....,
pourtant ....
► On dit que les hommes ....,
en réalité ....

3. Un moment pour débattre séparés... puis ensemble

a. Les filles et les garçons de la classe se séparent et nomment un rapporteur qui ira écrire les réponses au tableau.

- Pour les filles : à votre avis, quels sont les avantages et les inconvénients d'être un garçon ?
- Pour les garçons : à votre avis, quels sont les avantages et les inconvénients d'être une fille ?

b. Les filles et les garçons se réunissent.
Pour tous les élèves :

- Êtes-vous d'accord avec ce qu'a dit l'autre groupe ?
- Voyez-vous des choses à rectifier ?
- Voyez-vous des menaces pour l'égalité entre filles et garçons ?
- Voyez-vous des solutions pour y remédier ?

4. L'image de la femme dans la presse et dans la publicité

a. Formez des groupes mixtes de deux ou trois élèves.
b. Choisissez des journaux, des magazines, des prospectus...
Parcourez-les et choisissez une image représentant une femme et une image représentant un homme.
c. Remplissez ensemble le tableau.

	Image de la femme	Image de l'homme
Dans quelle situation se trouve le personnage ?	-	-
Décrivez le personnage en utilisant des adjectifs.	- - - -	- - - -
Quel est le message (publicitaire ou d'information) transmis par cette image ?	-	-

RETENIR

Complétez le texte avec les mots suivants :
discriminations - femmes - droits - stéréotypes - égalité.

Dans la loi, les hommes et les .... bénéficient des mêmes ....
Mais parfois, à cause des .... inscrits dans les mentalités, cette .... n'est pas respectée. Il faut alors lutter contre les .... qui peuvent avoir lieu dans tous les domaines (politique, économique, social, culturel).

Activité

PRÉPARER UNE EXPOSITION

« Femmes d'exception »

1. Discussion

a. Formez des groupes mixtes de deux ou trois élèves.
b. Choisissez ensemble une femme parmi ces figures féminines :

Kathrine Switzer, Mary Shelley, Hubertine Auclert, Marie Curie, Olympe de Gouges, Rosa Parks, Madeleine Brès, Marguerite Yourcenar, Ama Ata Aidoo, Anna Fisher, Malala Yousafzai, Christine de Pizan, George Sand, Camille Claudel, Amelia Earhart.

2. Recherche sur Internet

En salle informatique ou à la maison, faites une recherche sur la figure féminine que vous avez choisie.

3. Préparation de l'exposition

a. Sur une grande feuille A1 disposée en format paysage, remplissez la fiche d'identité de votre « héroïne » :

- nom et prénom
- date de naissance
- nationalité
- a été une femme exceptionnelle dans le domaine de...
- autres (prix remportés, titres célèbres, actions pour le droit des femmes...)

b. Vous pouvez coller une photo de votre « héroïne » trouvée sur Internet ou la dessiner.

4. Présentation

a. Devant la classe, votre groupe présente la vie de son « héroïne » et les raisons pour lesquelles elle est célèbre.
b. Dites aussi pourquoi votre groupe a choisi cette figure féminine.

5. Exposition

Accrochez ensuite votre panneau sur les murs de la classe ou dans l'établissement pour une exposition temporaire intitulée « Femmes d'exception ».

21 Qu'est-ce qu'être citoyen ?

Introduction

Se comporter de manière citoyenne n'est pas réservé aux adultes : les enfants aussi sont des citoyens en herbe qui peuvent s'investir dans la vie publique en se tenant informés de l'actualité, en participant à des événements organisés par leur école ou leur commune et en respectant les règles et les lois mises en place par les institutions publiques. Découvrons ce qu'est la citoyenneté nationale, européenne et mondiale.

LIRE ET RÉFLÉCHIR

Situation 1

C'est le jour de l'élection des délégués dans l'école de Max. À l'échelle de la classe, on peut apprendre ce que c'est qu'être citoyen.

1. À quoi la maîtresse compare-t-elle la classe ? Pourquoi ?

2. Pourquoi les élèves élisent-ils des délégués ?

3. De quel droit fondamental de la démocratie la maîtresse parle-t-elle ?

Situation 2

1. Relevez tous les mots qui appartiennent au vocabulaire de l'élection politique.

2. Avec vos propres mots, essayez d'en donner des définitions.

OBSERVER

Image 1

1. Quels symboles de l'Union européenne pouvez-vous identifier dans cette image ?

2. Savez-vous combien il y a de pays aujourd'hui dans l'Union européenne ?

Image 2

1. Pourquoi Lili a-t-elle un visage neutre sur la photographie ?

2. Quelles informations lit-on sur cette carte d'identité ?

COMPRENDRE

Leçon

La citoyenneté

Autour des mots

- Le mot « **citoyen** » vient du latin *civis* et signifie « habitant d'une cité qui a des droits et des devoirs ». Un citoyen est quelqu'un qui bénéficie de ses **droits civiques** et qui doit respecter un certain nombre de **devoirs** liés au lieu où il habite (sa ville, sa région, son pays).
- Le mot « **civisme** » vient de la même racine latine. Il renvoie au **respect** du citoyen pour le groupe auquel il appartient : respect des individus, des lieux et du matériel appartenant à tous.

Un peu d'histoire

- La citoyenneté date de l'**Antiquité** : chez les Romains, on distingue les citoyens qui ont des droits et qui participent à la vie publique, et les esclaves qui sont privés de droits.
- En France, la notion de citoyenneté apparaît après la Révolution française avec la **Déclaration des droits de l'homme et du citoyen** en 1789 : ce texte explique les droits et les devoirs que tout homme doit respecter dans la **vie publique** (c'est-à-dire tout ce qui ne relève pas de sa vie privée, comme la vie dans la rue, à l'école, dans la ville).

Citoyens à plusieurs échelles

- On est citoyen dès lors qu'on a une **identité** (un nom, une adresse, une nationalité). On est **citoyen de sa ville et de son pays**. Les citoyens s'engagent à participer à la vie du pays en votant aux élections, en respectant les règles de vie commune ou même en jouant un rôle actif dans une association* ou dans un parti politique.
- Depuis 1992, tous les membres de l'**Union européenne*** sont des citoyens européens : cela veut dire qu'on peut se sentir à la fois Français, Allemand ou Anglais et Européen. Les **citoyens européens** s'engagent à réfléchir à des solutions communes pour favoriser les échanges entre les différents pays membres et donner leur avis sur des problèmes précis.
- Enfin, on peut se sentir à la fois citoyen français, citoyen européen et **citoyen du monde** lorsqu'on considère tous les habitants de la Terre comme un peuple ayant des droits et des devoirs.

Les institutions en France

- Le président de la République est élu par les citoyens.
- Le président de la République nomme le Premier ministre et le Gouvernement.
- Le Parlement est composé de l'Assemblée nationale et du Sénat.

DÉBATTRE

1. Liberté, Égalité, Fraternité

En France, la devise républicaine peut se lire sur tous les établissements administratifs, mais aussi sur tous les établissements scolaires.
Rendez-vous devant la façade de votre école. Dessinez-la en inscrivant la devise républicaine sur le dessin.

2. Une Europe unie !

Affiche de la Journée de l'Europe 2005 - © Union européenne, 1995-2016

a. Que représente l'affiche ?

....

....

b. Où est écrite la devise de l'Union européenne ?

....

....

....

c. Combien y a-t-il d'étoiles autour de la palette ? Pourquoi ?

....

....

3. Les symboles de la République française et de l'Union européenne

Classez ces symboles dans le tableau :

a. *La Marseillaise.*
b. Le drapeau étoilé.
c. *L'Ode à la joie* de Beethoven.
d. Marianne.
e. L'Euro.
f. Le 14 juillet.
g. « Unie dans la diversité ».
h. Le 9 mai.

République française	Union européenne

RETENIR

Complétez le texte avec les mots suivants :
lois - citoyen - européen - droits - publique - monde - élections.

Un .... bénéficie de .... civiques et politiques dans son pays. Il agit dans la vie .... en votant aux .... et en respectant les ....
On peut être citoyen français, citoyen .... et même citoyen du .... !

LE JUGEMENT

PENSER PAR SOI-MÊME ET AVEC LES AUTRES

COMPÉTENCES

- Penser librement et former son esprit critique
- Respecter la diversité des croyances et des opinions
- Découvrir les critères des jugements moraux

► PENSER LIBREMENT ET FORMER SON ESPRIT CRITIQUE

22 Qu'est-ce que la liberté ?

Introduction

On a tous imaginé un jour un monde merveilleux où l'on pourrait faire ce que l'on veut, quand on veut, sans se soucier d'aucune contrainte. Alors parfois, les règles que l'on doit respecter en famille ou à l'école apparaissent comme des limites à ce rêve d'une liberté totale. Mais la liberté, est-ce vraiment la possibilité de tout faire sans se soucier des autres ? Découvrons comment nous pouvons vivre libres, et tous ensemble.

LIRE ET RÉFLÉCHIR

Situation 1

1. Pour Max, qu'est-ce que la liberté ? Êtes-vous d'accord avec lui ?

2. Quelle valeur importante Lili évoque-t-elle ? Pourquoi ?

Situation 2

1. La rébellion de Max vous paraît-elle juste ?

2. Qu'arrive-t-il à Max dans la seconde vignette ?

Situation 3

1. Qu'est-ce que Max comprend ici en surveillant le petit garçon ?

2. Que lui explique-t-il ?

OBSERVER

Image 1

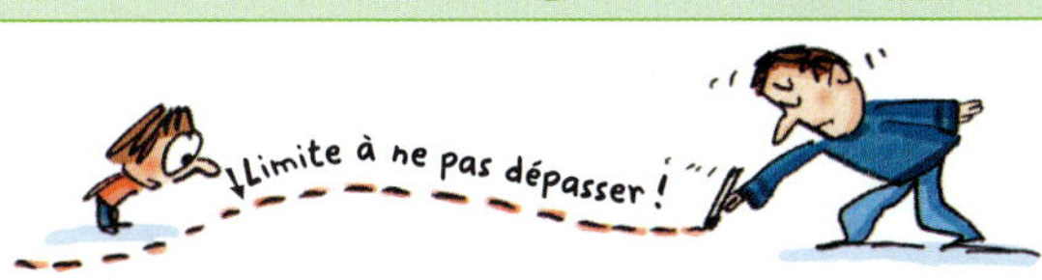

1. Qu'est-ce que l'adulte fait comprendre à l'enfant ?

2. À votre avis, quelles limites la liberté de chacun doit-elle avoir ?

Image 2

1. Comment Max est-il représenté ici ?

2. Ce rêve d'une liberté sans limites est-il possible dans la réalité ?

3. Regardez bien Pluche et Pompon. Quelle attitude ont-ils devant le roi Max ?

22

COMPRENDRE

Leçon

La liberté

Un combat à mener

- La liberté est la condition d'un homme qui n'est pas soumis à un autre. Dans l'Antiquité, un esclave était considéré non comme un homme, mais comme un **objet** : il était vendu et acheté.
- En France, au XVIIIe siècle, les philosophes des Lumières ont mené un combat contre l'esclavage en défendant la liberté de tous.
- Aux États-Unis, avant la guerre de Sécession, les esclaves étaient exploités par les propriétaires du Sud qui les faisaient travailler dans leurs plantations. L'**esclavage** est aboli au XIXe siècle dans les territoires contrôlés par les Américains et les Européens.
- La liberté est un **combat qu'il faut continuer à mener** : aujourd'hui encore, des hommes, des femmes et des enfants sont réduits en esclavage.

Un ensemble de libertés

- La **Déclaration des droits de l'homme et du citoyen*** affirme que « les hommes naissent libres et égaux en droits ». Selon ce texte, chaque homme doit avoir un ensemble de libertés : la liberté de penser ce qu'il veut (**liberté d'opinion**), la liberté d'exprimer ses idées (**liberté d'expression**), la liberté de posséder des choses (**droit à la propriété**).
- En plus de ces **libertés personnelles**, les hommes ont, dans les pays libres, des **libertés collectives** : le droit de voter, de manifester*, de se réunir dans des associations*, etc. Dans les **dictatures***, les hommes sont privés de ces libertés : ils peuvent être emprisonnés juste parce qu'ils ont tenté d'exprimer leurs idées !

La liberté des autres

La liberté doit aller avec le **respect** et l'**égalité** : on ne peut exercer sa liberté qu'en respectant la loi et la **liberté des autres**. Pour que toutes nos libertés puissent coexister, les contraintes sont nécessaires : si la liberté de chacun s'exerçait sans limites, nous ne pourrions pas **vivre ensemble en paix**. C'est pourquoi la liberté des uns s'arrête là où commence celle des autres.

La liberté des enfants

- Un enfant doit apprendre à s'orienter dans sa vie en faisant de bons choix. C'est pour cela qu'il existe un **âge légal de majorité** : à dix-huit ans, les enfants sont considérés comme suffisamment grands pour prendre des décisions et agir tout seuls. L'**autorité parentale** guide et protège les enfants.
- Quant à l'école, elle leur permet de devenir des **adultes responsables** capables de comprendre le monde qui les entoure. Bien sûr, tous les enfants rêvent de passer leur temps à jouer au lieu d'aller à l'école ! Pourtant, apprendre, c'est essentiel pour la **formation de la pensée** et de l'**esprit critique*** : l'école donne les moyens d'avoir ses propres idées et de les exprimer.

DÉBATTRE

1. Les limites de la liberté

Il y a des limites à la liberté de chacun : la liberté des autres, le respect, la sécurité. Rattachez chaque proposition de la colonne de gauche à la bonne dans celle de droite.

Je suis libre de…	… mais…
Je suis libre d'écouter de la musique…	… mais je dois respecter les règles du jeu et obéir à l'arbitre.
Je suis libre de rire…	… mais je ne mets pas le son trop fort pour ne pas déranger les autres.
Je suis libre d'exprimer ce que je pense dans une discussion…	… mais pas à des jeux dangereux qui menacent ma sécurité et celle des autres.
Je suis libre de jouer…	… mais pas quand un camarade tombe dans la cour et se fait mal.
Je suis libre de m'asseoir dans le bus…	… mais je cède ma place si je vois qu'une personne âgée reste debout.
Je suis libre de courir pour me dépenser…	… mais pas de dire aux autres des choses blessantes qui vont leur faire de la peine.
Je suis libre de participer à un match de foot…	… mais pas autour d'une piscine où le sol est glissant.

2. Quelques grandes figures de la liberté

a. Par petits groupes, préparez un exposé sur ces figures célèbres de la liberté : Gandhi, Martin Luther King, Nelson Mandela, Lucie Aubrac, Aung San Suu Kyi.
b. Expliquez à la classe comment ils se sont battus pour la liberté.

3. Paul Éluard, défenseur de la liberté

a. Cherchez sur Internet le poème *Liberté* de Paul Éluard.
b. Trouvez dans quel contexte le poète a écrit ce texte.
c. Cherchez dans le dictionnaire les mots que vous ne comprenez pas.
d. Lisez ensuite tour à tour, à voix haute, les strophes du poème.

4. Place au débat philo !

Réfléchissez à cette phrase d'Alphonse de Lamartine (écrivain et poète français du XIXe siècle, célèbre représentant du romantisme) :
« Si vous voulez rendre l'homme capable de liberté, qu'il soit instruit. »
D'après vous, pourquoi l'école permet-elle d'être libre ?

RETENIR

1. Avec vos propres mots, donnez une définition de la liberté.
2. Dites pourquoi la liberté de chacun doit s'exercer dans le respect de la liberté des autres.

▸ PENSER LIBREMENT ET FORMER SON ESPRIT CRITIQUE

23 Qu'est-ce que la liberté d'expression ?

Introduction

Dans une démocratie, chacun peut avoir ses propres idées et les exprimer librement. La liberté d'expression est un droit que partagent petits et grands : les adultes peuvent donner leur avis, en votant, en écrivant dans des journaux, en publiant des textes sur Internet… Les enfants aussi ont le droit de prendre la parole pour dire ce qu'ils pensent. Découvrons ensemble pourquoi la liberté d'expression est si importante.

LIRE ET RÉFLÉCHIR

Situation 1

1. Max parle ici de trois droits de l'enfant. De quelles libertés s'agit-il ?

2. Comprenez-vous que l'école permet de garantir ces droits ?

3. Qu'est-ce que Jérôme rappelle ici à Max ?

Situation 2

1. Quelle définition de la liberté d'expression la maîtresse donne-t-elle ?

2. À votre avis, au nom de la liberté d'expression, peut-on tout dire, comme le pense Koffi ?

3. Que pensez-vous de la remarque de Jérémy, le garçon avec le pull jaune ?

Situation 3

1. Expliquez les slogans dans les bulles. Quelles valeurs les personnages défendent-ils ?
2. Comprenez-vous pourquoi la liberté d'expression et la tolérance vont ensemble ?

23

COMPRENDRE

Leçon

La liberté d'expression

S'exprimer et être tolérant

- L'article 11 de la **Déclaration des droits de l'homme et du citoyen*** défend la **liberté d'expression** : « La libre communication des pensées et des opinions est l'un des droits les plus précieux de l'homme : tout citoyen peut donc parler et écrire librement [...]. »
- On peut s'exprimer librement, mais à condition d'**être tolérant** : on doit laisser les autres s'exprimer, même si leurs idées ne nous plaisent pas, même si on n'est pas d'accord.

S'exprimer dans une démocratie

- Dans une **démocratie***, la liberté d'expression rend possible le **débat** : chacun a le droit de dire ce qu'il pense.
- Inversement, dans une **dictature***, les hommes sont privés de ce droit : ils sont contraints de n'exprimer aucune idée qui va à l'encontre du gouvernement et de ses décisions.
- La liberté d'expression a cependant des **limites** : on doit respecter la loi, ne pas autoriser la violence, l'intolérance ou la haine raciale. Toutes les idées intolérantes qui ne respectent pas la **dignité** et l'**égalité** de tous les hommes sont interdites.

S'exprimer dans des journaux

- Dans les pays libres, la liberté d'expression se manifeste notamment par la **liberté de la presse**. Les journalistes peuvent recourir à l'**humour** et à la **satire*** pour se moquer de ceux qui ont du pouvoir, dénoncer les injustices, les inégalités... Grâce aux journaux, les citoyens s'informent, réfléchissent et débattent librement.
- Dans les dictatures, les journalistes sont emprisonnés. On les empêche de faire leur **travail d'information** : ils doivent faire face à la **censure***.
- L'ONG* (organisation non gouvernementale) **Reporters sans frontières** se bat pour que la liberté de la presse et la liberté d'information soient respectées partout dans le monde.

DÉBATTRE

1. Liberté d'expression et respect

Peut-on tout dire sans tenir compte des autres ?
Dans ces situations, réfléchissez à ce que l'on peut dire et à ce que l'on ne peut pas dire au nom de la liberté d'expression. Cochez les bonnes cases.

J'exprime	Je n'exprime pas	
☐	☐	Tu es un minus, tu ne peux pas jouer au basket.
☐	☐	Je ne veux pas regarder ces images à la télévision, elles me choquent.
☐	☐	Tu es une fille, tu ne peux pas jouer au foot.
☐	☐	Je suis allergique, je ne peux pas en manger.
☐	☐	C'est dégoûtant ce plat, je ne veux pas le goûter.
☐	☐	Je n'ai pas compris l'exercice, j'ai besoin qu'on m'explique les consignes.
☐	☐	Ce film me fait peur, je ne veux pas le regarder.
☐	☐	Tu n'as que des mauvaises notes, tu es nul !
☐	☐	Tu ne penses pas comme moi, tu es bête.

2. Concours de slogan

C'est grâce aux différents journaux qu'on peut s'informer, enrichir sa vision du monde et développer son esprit critique. Inventez des slogans qui défendent la liberté de la presse et illustrez-les.

L'HUMOUR REND LIBRE !

3. Liberté d'expression et humour

Certains journaux, qu'on appelle satiriques, informent les gens sur l'actualité en se moquant de ce qu'ils dénoncent.
Ils utilisent le rire comme une arme pour parler de la guerre, de l'intolérance et de l'obscurantisme (comportement d'opposition à l'instruction, à la culture, au progrès et aux sciences)…
D'après vous, pourquoi l'humour permet-il d'être libre ?

RETENIR

1. Avec vos propres mots, donnez une définition de la liberté d'expression.
2. Avez-vous retenu le nom de l'ONG qui lutte pour défendre la liberté de la presse ?

24 Comment utiliser Internet de manière responsable ?

Introduction

Parce qu'il relie tous les ordinateurs du monde, Internet est une source infinie d'informations et de découvertes. Grâce à ce formidable réseau, on peut dialoguer avec ses amis, avoir accès à des films, des livres, des jeux, de la musique... Mais attention, si on n'a pas conscience des dangers de la « toile », on risque de se retrouver piégé : les cyber-bêtises ont parfois de graves conséquences ! Dans ce monde virtuel, il faut adopter des réflexes de prudence pour surfer en toute sécurité.

LIRE ET RÉFLÉCHIR

Situation 1

1. De quelle utilisation d'Internet Lili parle-t-elle ?

2. Pourquoi « le soleil ne se couche [-t-il] jamais sur Internet » ?

3. Quelle autre utilisation d'Internet est évoquée de manière comique dans la bulle de Max ?

4. Utilisez-vous Internet pour communiquer avec vos amis et votre famille ?

Situation 2

1. Qu'est-ce que Lili est en train de faire ?

2. Expliquez la bulle de pensée. Pourquoi Lili se montre-t-elle finalement imprudente ?

3. Savez-vous qu'il faut se méfier des arnaques sur Internet ?

Situation 3

1. Qu'arrive-t-il à Lili ?

2. Quel mot montre qu'elle est la victime de Valentine ?

3. Quelle image a-t-elle aussitôt d'elle-même ?

4. À votre avis, pourquoi cette mauvaise blague est-elle grave et irrespectueuse ?

Situation 4

1. Que fait Lili ?

2. Qu'est-ce qui devrait immédiatement l'alerter dans la réponse de ce Fabien ?

OBSERVER

Image 1

1. Décrivez la composition de l'image, ainsi que les expressions de Max, Lili et Pompon.

2. On ne voit pas l'image sur l'écran, mais seulement la réaction des personnages.
À votre avis, pourquoi cela montre-t-il plus efficacement que l'image est choquante ?

Image 2

1. Regardez l'expression du personnage. Quel détail est humoristique ? Que dit ce détail du comportement de l'enfant ?

2. Savez-vous que l'on peut vite devenir accro aux jeux vidéo sur Internet ?

Leçon

Prudence sur Internet !

Voici dix conseils pour utiliser Internet de manière responsable :

10 conseils de la CNIL pour rester Net sur le web

1 Réfléchis avant de publier !

Sur internet, tout le monde peut voir ce que tu mets en ligne : infos, photos, opinions.

2 Respecte les autres !

Tu es responsable de ce que tu publies en ligne alors modère tes propos sur les réseaux sociaux, forums... Ne fais pas aux autres ce que tu n'aimerais pas que l'on te fasse.

3 Ne dis pas tout !

Donne le minimum d'informations personnelles sur internet. Ne communique ni tes opinions politiques, ni ta religion, ni ton numéro de téléphone...

4 Sécurise tes comptes !

Paramètre toujours tes profils sur les réseaux sociaux afin de rester maître des informations que tu souhaites partager.

5 Crée-toi plusieurs adresses e-mail !

Tu peux utiliser une boîte e-mail pour tes amis et une autre boîte e-mail pour les jeux et les réseaux sociaux.

6 Attention aux photos et aux vidéos !

Ne publie pas de photos gênantes de tes amis ou de toi-même car leur diffusion est incontrôlable.

7 Utilise un pseudonyme !

Seuls tes amis et ta famille sauront qu'il s'agit de toi.

8 Attention aux mots de passe !

Ne les communique à personne et choisis-les un peu compliqués : ni ta date ni ton surnom !

9 Fais le ménage dans tes historiques !

Efface régulièrement tes historiques de navigation et pense à utiliser la navigation privée si tu utilises un ordinateur qui n'est pas le tien.

10 Vérifie tes traces !

Tape régulièrement ton nom dans un moteur de recherche pour découvrir quelles informations te concernant circulent sur internet.

CNIL
Commission Nationale de l'Informatique et des Libertés

Retrouvez d'autres conseils et astuces sur www.cnil.fr et sur www.educnum.fr ! #EducNum

Internet

Tout n'est pas vrai sur Internet

- Sur le **Web***, on a accès à une infinité d'informations. Mais tout ce qui est publié n'est pas exact : il y a beaucoup de **mensonges** et d'**erreurs** sur la toile ! On doit exercer son **esprit critique*** pour trier ces informations. En cas de doute, on peut demander de l'aide à un adulte pour savoir si le site est digne de confiance.
- Il ne faut pas se laisser impressionner ni manipuler par les informations trouvées sur Internet (appels à la haine, au racisme, etc.).

Gare aux cyber-arnaques !

Des gens malhonnêtes organisent des **arnaques sur Internet** en espérant que les **internautes*** donneront leurs coordonnées personnelles. On doit se méfier des **spams*** et des publicités ! Il faut créer des **mots de passe compliqués** et utiliser un **pseudonyme***. Et surtout, ne jamais donner son adresse, son e-mail, ni son numéro de téléphone !

L'intime et le public

Publier un contenu sur Internet, c'est le rendre **public**. C'est pourquoi il est prudent d'installer des **paramètres de confidentialité*** sur son e-mail ou son **blog***. Malgré cela, il est très difficile de maîtriser la diffusion de ce qu'on publie sur Internet. Attention à la publication de photos personnelles ou d'informations privées : sur Internet, on ne doit pas tout dire ! Chacun a son **jardin secret**, qui doit rester secret, comme dans la vie réelle...

Refuser le cyberharcèlement

Dans le monde numérique, il faut **respecter les autres** : on ne peut pas critiquer quelqu'un, usurper (c'est-à-dire voler) son identité pour publier des informations en se faisant passer pour lui. De même, il est interdit de publier sur Internet une photo ou une vidéo d'une personne sans son accord. Quant aux moqueries, aux injures répétées, aux humiliations, elles conduisent au **cyberharcèlement***, qui est très grave et **puni par la loi** !

Ne jamais faire confiance aux inconnus

Quand on tchate avec quelqu'un, on ne sait jamais qui se cache derrière l'écran. Il ne faut pas répondre aux messages d'une personne inconnue sur Internet et en informer immédiatement un adulte.

Se méfier des images

Sur la toile, des images et des vidéos choquantes circulent (images d'actualité, jeux vidéo ou films violents). C'est pour cela que les parents installent sur les ordinateurs de la maison un **contrôle parental***.

24 DÉBATTRE

1. Attention aux images choquantes !

© Action Innocence

a. Regardez bien l'attitude de l'enfant et l'expression de la peluche. D'après vous, pourquoi la petite fille ne réagit-elle pas ?

b. Avez-vous déjà été choqués par des images sur Internet ? Ont-elles entraîné des cauchemars, un sentiment de malaise ou de panique ? Si c'est le cas, décrivez cette mauvaise expérience en quelques lignes, puis racontez-la à l'enseignant. Réfléchissez aux bons réflexes que vous avez eus ou que vous auriez dû avoir.

c. Comprenez-vous pourquoi il est important d'installer un contrôle parental sur les ordinateurs que vous utilisez ?

2. Connaître les dangers de la toile

Par groupe de deux ou trois, réalisez une affiche sur l'un des dangers d'Internet. Inventez ensemble un slogan mettant en garde contre ce danger (arnaques, cyberharcèlement, addiction aux jeux vidéo, mauvaises rencontres...). Vous pouvez créer cette affiche en dessinant, en collant des photos, etc.

3. Avoir les bons réflexes sur le Net

Rattachez chaque situation au bon réflexe à avoir.

Situations	Réflexes de prudence
En préparant un exposé, je trouve sur Internet des informations qui ne me semblent pas très sérieuses.	Je ne réponds pas et montre immédiatement le message à un adulte.
Je reçois une publicité étrange dont je ne connais pas l'expéditeur.	Je préviens mes parents pour que la photo soit effacée.
En tchatant avec un ami, je reçois un message d'une personne inconnue qui me propose un rendez-vous.	Je vérifie les paramètres de confidentialité et le mot de passe de ma boîte mail pour que la photo ne soit pas diffusée.
Je découvre qu'on a publié sans mon accord une photo de moi en vacances.	Je vais emprunter un livre à la bibliothèque pour vérifier ce que j'ai lu.
Je reçois sur ma boîte mail une photo de vacances que ma grand-mère m'envoie.	J'éteins l'ordinateur et j'en parle à mes parents ou à un enseignant.
En surfant sur Internet, je tombe sur une image violente qui me fait peur.	J'efface le message sans l'ouvrir.

4. Place au débat philo !

a. Pensez-vous que cette nouvelle manière de s'informer, de communiquer, de s'amuser sur Internet peut nous éloigner les uns des autres ?
b. Selon vous, les aventures virtuelles peuvent-elles remplacer les découvertes de la vraie vie ? Expliquez votre point de vue en donnant des exemples concrets tirés de votre expérience.

RETENIR

1. Avec vos propres mots, dites pourquoi, comme dans la réalité, on doit respecter les autres sur Internet.
2. Quels conseils de prudence avez-vous retenus à propos de l'utilisation d'Internet ?

25 Comment débattre avec les autres ?

Introduction

Dans une démocratie, chacun a le droit d'avoir ses propres idées et de les confronter à celles des autres. À l'école, entre amis, dans la famille, les débats permettent de s'exprimer : on y défend son point de vue, mais on découvre et on écoute aussi les opinions des autres, même si on n'est pas d'accord.
Comment discuter ensemble sans se disputer ?

LIRE ET RÉFLÉCHIR

Situation 1

1. Qui s'oppose à qui ici ? Sur quel sujet ?

2. Est-ce que les élèves discutent ou se disputent ?

3. Que ressentent-ils ?

4. Comment la maîtresse réagit-elle ?

Situation 2

1. Regardez les expressions et les attitudes des élèves derrière Max. Que ressentent-ils ?

2. Pour résoudre le conflit, quel cadre la maîtresse met-elle en place ?

3. À votre avis, le débat qui va suivre va-t-il bien se dérouler ?

4. Pourquoi l'« écoute » et une juste répartition de la « parole » sont-elles importantes dans un débat ?

Situation 3

1. Quel est le débat du jour en classe ?

2. Dans la première vignette, qu'est-ce qui montre qu'un débat permet de se poser des questions à plusieurs ?

3. Dans la seconde vignette, qu'est-ce qui montre qu'un débat est l'occasion pour chacun de s'exprimer librement ?

OBSERVER

Image 1

1. Observez bien l'attitude des personnages dans ces quatre dessins. Dans chaque situation, il ne peut y avoir de vraie discussion ! Pourquoi ?

2. D'après vous, quelles règles faut-il respecter pour discuter avec les autres ?

Image 2

1. Quel est ici le sujet proposé pour le débat en classe ? Comment les personnages se comportent-ils ?

2. Comment est aménagée la classe ? Qu'est-ce que cela permet ?

COMPRENDRE

Leçon

Débattre avec les autres

Le débat

On parle de débat quand on discute à plusieurs sur un sujet précis et que chacun donne son point de vue. Dans un débat, il y a souvent des **désaccords**, et chacun va essayer de **convaincre*** les autres grâce à des **arguments***. On doit donc exprimer clairement ses idées et utiliser son **esprit critique*** pour réfléchir aux opinions des autres. Le débat n'est pas un affrontement avec un gagnant et un perdant ; c'est une discussion où chacun s'exprime librement et où tous se respectent.

S'initier au débat démocratique

Dans le cadre de la classe, on peut débattre à propos de l'actualité ou du vivre ensemble à l'école. On s'initie ainsi au débat démocratique, qui est au cœur de la **citoyenneté***.

La tolérance

• Le débat démocratique repose sur la **liberté de pensée*** et la **liberté d'expression***. On a le droit de donner son point de vue, mais aussi le devoir de laisser parler l'autre et de l'écouter. On peut être pour ou contre une idée, à condition de respecter celui qui pense autrement !

• Le **respect** et l'**humilité*** sont des qualités très importantes dans un débat. Inversement, les insultes, les moqueries et la violence rendent la discussion impossible.

Que permet le débat ?

• Chacun enrichit son point de vue en découvrant des idées différentes.

• On peut aussi mieux mettre en cause les **stéréotypes*** et les **idées toutes faites**.

• Enfin, le débat débouche parfois sur une décision collective qui repose sur des **compromis***.

Les petits conseils pour débattre

→ Réfléchir avant de parler.

→ Ne pas couper la parole aux autres.

→ Prendre le temps de discuter avec celui qui a une opinion différente.

→ Essayer de comprendre et de retenir ce que chacun dit.

→ Ne pas élever la voix, ne pas crier.

→ Ne pas se moquer des autres quand on n'est pas d'accord.

→ Ne pas se vexer et accepter la critique, si elle est respectueuse.

→ Reformuler ses idées si on n'a pas été clair ou si on a changé de point de vue.

DÉBATTRE

1. S'exprimer devant les autres

Il n'est pas toujours facile de prendre la parole en public.
Complétez ensemble ce tableau avec des conseils pour aider chacun à participer au débat.

Si je suis timide…	- Je note au brouillon mes idées pour être moins impressionné au moment de prendre la parole. -
Si je suis impatient…	- -
Si je manque de confiance en moi…	- -
Si j'ai du mal à accepter de ne pas avoir toujours raison…	- -
Si je n'arrive pas à rassembler mes idées…	- -
Si je…	- -

2. Organiser un débat en classe

a. Chaque élève réfléchit à un débat qu'il aimerait lancer, puis le note (sous la forme d'une question) sur un papier qu'il met dans la « boîte à débats ». La classe vote ensuite pour choisir l'un des débats proposés.
b. Chacun réfléchit de son côté au sujet choisi et note au brouillon son point de vue avec au moins quatre arguments pour le défendre.
c. Les élèves sont assis en U pour que tout le monde puisse se voir. La classe désigne un élève qui sera chargé de distribuer équitablement la parole et veillera à ce que le débat ne soit pas désordonné : le modérateur. Cet élève s'engage à rester un arbitre neutre. Il peut utiliser un « bâton de parole » qu'il fera circuler dans la classe : on ne parle que lorsque l'on a cet objet. Le débat peut commencer : chacun doit respecter les petits conseils donnés dans la leçon !
d. À la fin du débat, faites tous ensemble au tableau un résumé de la discussion. Avez-vous réussi à comprendre les arguments des autres malgré les désaccords ?

3. Place au débat philo !

Pour Joseph Joubert (moraliste français du XVIIe siècle) :
« Le but de la discussion ne doit pas être la victoire, mais l'amélioration. »
Qu'en pensez-vous ?

RETENIR

Avez-vous retenu quelles règles il faut respecter pour débattre avec les autres ?

26 ▸ RESPECTER LA DIVERSITÉ DES CROYANCES

Quelles sont les trois grandes religions monothéistes ?

Introduction

Les hommes se sont toujours interrogés face au mystère du monde. Des réponses sont apportées par les religions. On peut croire ou ne pas croire en Dieu, ou encore proposer d'autres réponses à ces questions : chacun est libre de penser ce qu'il veut ! Mais il est important de connaître les religions qui cohabitent dans notre société, leurs croyances et leurs pratiques.
Découvrons ensemble les trois principales religions monothéistes, qui font partie de notre culture commune.

LIRE ET RÉFLÉCHIR

Situation 1

1. Que fait Koffi avant de commencer à déjeuner ?

2. Pourquoi Max est-il surpris ?

3. Quelles explications sa mère et Lili lui donnent-elles ?

Situation 2

1. Où vont Max, Lili et Koffi ? Connaissez-vous les noms de ces trois lieux ?

2. Pourquoi les parents de Koffi vont-ils dans les deux premiers lieux ?

3. Comment Max connaît-il le troisième ?

Situation 3

1. Quelle définition de la religion la mère de Max et Lili donne-t-elle ?

2. Quelle valeur est commune à toutes les religions ?

3. De quelle triste réalité le père de Max et Lili parle-t-il ?

OBSERVER

Image

1. Que font Max, Lili et Koffi ?

2. Essayez d'imaginer à quoi ils pensent.

3. Sur quoi sont-ils assis : de l'herbe ? la planète Terre ? les deux ?

La religion

Autour du mot

- Le mot « **religion** » vient du verbe latin *religere* qui signifie « relier » : les religions relient les hommes et Dieu. Elles sont constituées par des **croyances**, des **rites*** et des **fêtes** partagés par un ensemble de croyants. Les croyants se réunissent dans des **lieux de culte*** pour prier ensemble lors de cérémonies dirigées par des **chefs religieux** ou des **représentants du culte**. Dans les religions, les **prophètes** sont des personnages importants : ils ont rencontré Dieu et sont chargés de transmettre son message aux hommes.
- Lorsqu'on ne croit pas en Dieu, on est **athée** (on parle d'« **athéisme** »).

La liberté de croyance et la laïcité

- La France est une République laïque. La **laïcité** repose sur trois principes :

→ La **liberté de croyance** : chacun est libre de choisir ou non une religion et de vivre selon ses croyances.

→ La **séparation de l'État et des organisations religieuses** : l'État reste neutre par rapport aux religions ; il n'en impose et n'en interdit aucune.

→ L'**égalité de tous les citoyens** devant la loi, quelles que soient leurs croyances ou leurs opinions.

- Être croyant, être athée, ne pas savoir si on va choisir ou non une religion, choisir aussi les valeurs qui vont guider nos vies : tout cela est intime et concerne la **liberté de conscience*** de chacun !
- L'**Observatoire de la laïcité** a été installé en France en 2013. Il a pour mission d'aider le Gouvernement à **faire respecter le principe de laïcité** dans la société.

Le monothéisme et le polythéisme

- Dans les **religions polythéistes**, il existe **plusieurs dieux**.
- Dans les **religions monothéistes**, il n'y a qu'**un seul Dieu**. On considère que le premier monothéiste est **Abraham**. Il conclut une alliance avec Dieu et il eut deux fils, Isaac, l'ancêtre des juifs, et Ismaël, l'ancêtre des musulmans. C'est un personnage important : il est considéré comme un père à la fois par les juifs, les chrétiens et les musulmans.

LES TROIS PRINCIPALES RELIGIONS MONOTHÉISTES

Le judaïsme

- Le judaïsme est apparu vers 1350 ans avant Jésus-Christ, c'est la plus ancienne des religions monothéistes. Les juifs croient en **Yahvé** et respectent des lois, dont les **dix commandements**. Ceux-ci ont été édictés par le prophète **Moïse**, lorsque Dieu s'est révélé à lui sur le mont Sinaï.
- Le chef religieux des juifs est le **rabbin** et leur lieu de culte la **synagogue**.
- Le symbole du judaïsme est l'**étoile de David**.

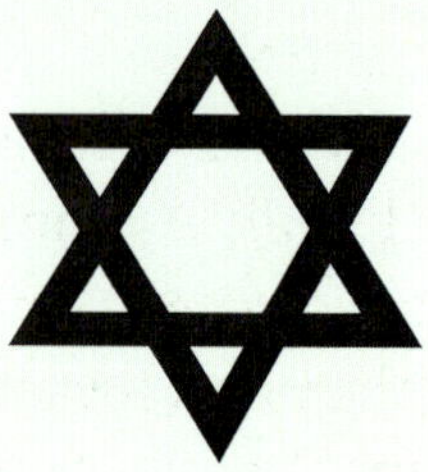

- Le livre sacré des juifs est la **Bible hébraïque**, dont la première partie, la **Torah**, est la plus importante ; elle raconte l'histoire du peuple d'Israël, depuis la création du monde jusqu'à la mort de Moïse. Le second livre le plus important est le **Talmud**, qui met par écrit la tradition et la foi juives.

- Voici quelques rites juifs : le **shabbat**, où l'on célèbre le jour de repos de Yahvé après la création du monde, la **bar-mitsvah** (pour les garçons) ou **bat-mistvah** (pour les filles), cérémonie par laquelle on devient majeur religieusement.
- Voici quelques fêtes juives : **Roch Hachana**, le premier jour de l'année et l'anniversaire de la Création, **Yom Kippour**, le jour du « Grand Pardon » consacré à la prière, **Hanoucca**, la fête des Lumières, qui célèbre la victoire des Hébreux sur les Grecs.

Le christianisme

- La naissance du christianisme correspond à celle de **Jésus-Christ**, qui est selon les chrétiens le fils de Dieu et le **Messie**, c'est-à-dire le représentant de Dieu sur Terre. Jésus s'entoura d'amis, ses **apôtres**, pour annoncer aux hommes que Dieu les aimait et qu'ils devaient s'aimer les uns les autres.
- Les chrétiens sont répartis en trois groupes : les **catholiques**, les **protestants** et les **orthodoxes**.
- Chez les catholiques, le représentant du culte est le **prêtre**, le lieu de culte l'**église** ; chez les protestants, le représentant du culte est le **pasteur**, le lieu de culte le **temple** ; chez les orthodoxes, le représentant du culte est le **pope**, le lieu de culte l'**église**.

- Le symbole du christianisme est la **croix**.
- Le livre sacré des chrétiens est la **Bible**, composée de l'**Ancien Testament,** qui annonce l'arrivée du Messie, et du **Nouveau Testament**, qui raconte la vie de Jésus et de ses apôtres.
- Voici quelques rites chrétiens : le **baptême**, cérémonie par laquelle une personne devient chrétienne, la **confirmation**, par laquelle un croyant confirme sa foi.
- Voici quelques fêtes chrétiennes : **Noël**, jour de la naissance de Jésus, **Pâques**, qui célèbre sa résurrection, l'**Ascension**, qui célèbre sa montée au Ciel.

L'islam

- L'Islam est né en 622, date à laquelle le prophète **Mahomet** quitte La Mecque pour aller s'installer dans la ville de Médine. L'**ange Gabriel** avait révélé à Mahomet qu'il était le messager de Dieu : **Allah** pour les musulmans.
- Le chef religieux des musulmans est l'**imam** et leur lieu de culte la **mosquée**.

- Les symboles de l'islam sont le **croissant** et l'**étoile**.
- Le livre sacré des musulmans est le **Coran**, qui regroupe les paroles d'Allah transmises par l'ange Gabriel à Mahomet.
- Les musulmans doivent respecter les **cinq piliers de l'Islam** : la **profession de foi** (reconnaître qu'Allah est le seul dieu et que son prophète est Mahomet), la **prière** (cinq fois par jour), le **jeûne** (le **Ramadan**, durant lequel on ne peut ni boire ni manger pendant un mois du lever au coucher du soleil), l'**aumône** (se montrer généreux envers les pauvres) et le **pèlerinage à la Mecque** (le lieu de naissance de Mahomet, en Arabie saoudite).
- Voici quelques fêtes musulmanes : **Laylat al-Qadr**, nuit de la fin du mois du Ramadan célébrant la révélation du Coran à Mahomet, l'**Aïd al-Fitr**, qui marque la rupture du jeûne à la fin du Ramadan, l'**Aïd el-Kébir**, la Grande Fête, le dernier mois de l'année musulmane.

26 DÉBATTRE

1. Les trois religions monothéistes

a. Observez cette image. Comment la comprenez-vous ? Plusieurs interprétations sont possibles !
b. Pouvez-vous identifier dans l'image les édifices religieux ? les chefs religieux ou les représentants du culte ?
c. Pour vous, que symbolisent ces chemins ?

2. Et vous ?

a. Comprenez-vous pourquoi l'histoire des trois grandes religions monothéistes fait partie de notre culture commune ?
b. Selon vous, la connaissance des différentes religions peut-elle nous permettre de mieux nous comprendre les uns les autres ?

3. Religion et architecture

a. Recherchez tous ensemble quels sont les éléments architecturaux d'une synagogue, d'une église, d'une mosquée.
b. Faites au tableau un schéma pour représenter ces trois édifices et notez le nom de ces éléments.
c. Puis répartissez-vous en trois groupes. Chaque groupe choisit l'un des édifices religieux suivants : la Grande Synagogue de Budapest, la basilique Saint-Pierre à Rome, la Mosquée bleue d'Istanbul.
d. Chaque groupe fait une seconde recherche pour préparer un exposé sur la construction et l'architecture de ces édifices célèbres.

4. Découvrir d'autres religions

a. Par petits groupes, choisissez l'une des religions suivantes : bouddhisme, hindouisme, shintoïsme.
b. Faites une recherche sur le/les dieu/x ou les divinités de la religion choisie.

RETENIR

Avez-vous retenu les principales caractéristiques des trois religions monothéistes ? Complétez ce tableau.

	Judaïsme	**Christianisme**	**Islam**
Date de fondation			
Dieu			
Livre sacré			
Chef religieux ou représentants du culte			
Lieux de culte			

► RESPECTER LA DIVERSITÉ DES CROYANCES ET DES OPINIONS

27 Qu'est-ce que la laïcité ?

LIRE ET RÉFLÉCHIR

1. Lisez attentivement tous les articles de la Charte ci-contre.
2. Relevez les mots importants et allez les écrire au tableau.
3. Quelles valeurs la Charte défend-elle ? Quels comportements interdit-elle à l'école ?

DÉBATTRE

1. Comprendre ce qu'est la laïcité

À la maison, avec ses amis, chacun est libre d'avoir ses propres croyances et de vivre selon les règles qu'il a choisi de suivre. Mais à l'école ou pendant une sortie scolaire, vous devez tous respecter une seule et même règle : la laïcité.

a. Réfléchissez à ce que l'on peut faire chez soi pour vivre selon ses croyances et remplissez la colonne de gauche. C'est le DROIT de chacun.
b. Réfléchissez ensuite à ce que l'on ne peut pas faire à l'école pour vivre dans le respect des uns et des autres et remplissez la colonne de droite. C'est le DEVOIR de chacun.

Le droit de chacun à la maison	Le devoir de chacun à l'école

2. Place au théâtre !

a. Constituez des groupes, qui vont choisir chacun l'un des articles de la Charte de la laïcité à l'école.
b. Par groupe, inventez une saynète pour illustrer l'article choisi.
La situation et les dialogues inventés doivent bien faire comprendre au reste de la classe ce qui est autorisé et ce qui est interdit à l'école par la Charte et ce qu'elle permet.

3. Vos idées pour faire vivre la Charte de la laïcité dans votre école !

a. Réfléchissez tous ensemble à des idées (réalisation d'une affiche ou d'une fresque avec un slogan sur la laïcité, écriture d'un petit discours, exposé, etc.).
b. Formez des ateliers de réflexion et de création par petits groupes pour donner forme aux idées retenues. Chaque groupe présentera sa réalisation à l'ensemble de la classe.

La France est une république laïque.

1. La France considère tous ses citoyens comme égaux. Elle respecte les croyances de chacun.

2. En France, toutes les religions sont autorisées. Aucune n'est imposée.

3. La France garantit la liberté d'expression de tous, à condition que chacun respecte les autres et les lois.

4. Grâce à la laïcité, tous les citoyens peuvent vivre ensemble en paix, libres et égaux.

5. La République s'assure que tous ces principes sont bien respectés dans les écoles.

CHARTE DE LA LAÏCITÉ À L'ÉCOLE AVEC MAX ET LILI

6. L'école te permet de construire ta personnalité, d'avoir tes propres idées. Elle te protège des pressions qui peuvent t'empêcher de faire tes propres choix.

7. Grâce à l'école, tu partages avec les autres une culture commune, qui va permettre à tous de se comprendre et de vivre ensemble.

8. La laïcité te permet de t'exprimer librement, à condition de respecter les autres et les valeurs républicaines.

9. À l'école, la violence, physique ou verbale, est interdite. On ne peut rejeter l'autre à cause de son sexe, de sa culture, de sa couleur de peau ou de sa religion.

10. Les professeurs doivent faire respecter les principes de la République, les enseigner à tous leurs élèves et en parler aux parents.

11. Les adultes qui travaillent à l'école n'ont pas le droit de parler aux élèves de leurs opinions religieuses ou politiques.

12. Aucun élève n'a le droit de refuser un enseignement en disant qu'il est contraire à ses idées politiques ou religieuses.

13. Aucun élève ne peut rejeter les règles de l'école au nom de sa religion.

14. Aucun élève n'a le droit de porter de signes marquant de manière visible sa religion.

L'école est laïque

15. À ton tour de respecter et de faire vivre la laïcité dans ton école !

► RESPECTER LA DIVERSITÉ DES CROYANCES ET DES OPINIONS

28 Qu'est-ce que la tolérance ?

Introduction

L'intolérance consiste à exclure l'autre parce qu'il a une culture, une manière de vivre, des idées ou des croyances différentes. Elle peut mener à des moqueries et des insultes qui sont très graves : exclure l'autre parce qu'il n'est pas pareil, c'est refuser sa liberté de vivre comme il le souhaite et de penser ce qu'il veut. Et cette liberté, nous devons tous l'avoir !
Découvrons pourquoi la tolérance nous permet de vivre ensemble en paix.

LIRE ET RÉFLÉCHIR

Situation

1. Dans la première vignette, quelle idée Lili propose-t-elle à Max et Koffi ?

2. Que pensez-vous de la réponse que fait Max à Jérémy ?

OBSERVER

Image

1. Les enfants se sont retrouvés après l'école. Que font-ils ?

2. Leurs différences les empêchent-elles de réaliser la proposition de Lili ?

3. Que pensez-vous de cette attitude d'ouverture d'esprit et de respect de l'autre ?

COMPRENDRE

La tolérance

La tolérance et le respect

La tolérance est liée au **respect**, à l'**égalité** et à la **fraternité** : nous devons nous respecter les uns les autres et respecter nos différences, car nous sommes tous frères et tous égaux. La tolérance s'accompagne d'attitudes et de sentiments positifs : la **curiosité**, l'**envie de découvrir d'autres cultures**, l'**ouverture d'esprit** ; l'intolérance entraîne au contraire la peur, le mépris, parfois la haine et la violence.

La tolérance et la liberté

- L'article 18 de la **Déclaration universelle des droits de l'homme*** affirme que « toute personne a droit à la liberté de pensée, de conscience et de religion ». Cela signifie que chacun a le droit d'avoir ses idées, ses croyances et de choisir ou non une religion, à condition de respecter les autres.
- Tolérer les différences des autres, c'est reconnaître leur **liberté** d'être comme ils sont. La tolérance doit reposer sur une **relation réciproque** : j'accepte les différences des autres, comme j'ai envie qu'ils acceptent les miennes.

La tolérance à l'école

À l'école, on ne peut rejeter ou exclure quelqu'un à cause de son physique, de ses goûts, de sa manière d'être, de son origine ou de sa religion. On ne doit pas se moquer de celui qui est différent : les moqueries et les insultes sont une **violence grave** qu'il faut refuser.

La richesse des différences

- Quand on est tolérant, on n'a pas peur des différences, mais on les considère au contraire comme une richesse. Le monde serait bien triste si nous étions tous pareils !
- Chacun a le droit d'affirmer sa **singularité** et son **originalité**. Dans une classe, dans un groupe d'amis, pourquoi vouloir toujours être comme les autres ? Les différences de styles et de goûts enrichissent le groupe ; les idées nouvelles et originales rendent les débats plus intéressants ; les différences culturelles permettent d'enrichir sa vision du monde et de mieux comprendre les autres.

Tolerance
请尊重他人
Tolerancia
احترام الآخرين واجب
Уважать других
宽容
Tolérance
Respectez les autres
Терпимость
Respect Others
UNESCO
Respetar a los otros
التسامح
© Design: Helmut Langer, Germany Made possible by Aichi Prefecture/Japan 16 November is the International Day for Tolerance

DÉBATTRE

1. Vive la diversité culturelle !

a. Observez bien l'affiche ci-contre.
À votre avis, que symbolise la diversité des formes et des couleurs ?
b. Quelles sont les deux valeurs défendues par cette affiche ?

2. Comment réagir face à l'intolérance ?

a. Réfléchissez chacun de votre côté aux situations suivantes.

• Kristóf est arrivé de Hongrie en France avec sa famille il y a un an. Il a vite appris le français et aimerait faire découvrir son pays à ses camarades. Un jour, il propose à l'enseignant de faire un exposé à la classe sur Budapest, la ville où il habitait. Mais Thomas se moque de son accent et lui dit : « Ton pays, c'est pas comme chez nous, ça a l'air nul ! »

• Nolwenn n'aime pas les vêtements de marque que tous ses camarades portent. Alors elle a inventé son propre style : sa grande sœur, qui est une super couturière, lui a cousu des robes très originales ! Mais à l'école, les autres la rejettent parce qu'elle ne « s'habille pas pareil ».

b. Réfléchissez tous ensemble aux comportements de Thomas et des camarades de Nolwenn : que pensez-vous de leur attitude ? Comment réagir face à l'intolérance ?

3. La tolérance en neuf lettres

Trouvez des mots, des expressions ou des slogans liés à la tolérance et qui commencent par les lettres du mot.
Tous différents, tous égaux !
O...
L...
É...
R...
A...
N...
C...
E...

4. Place au débat philo !

D'après vous, faut-il tout tolérer ? Faut-il par exemple tolérer les idées qui appellent à la haine et ne respectent pas l'égalité de tous les hommes ?

RETENIR

1. Avec vos propres mots, expliquez pourquoi il est important d'accepter les différences des autres.
2. Expliquez pourquoi ces différences constituent une richesse.

► DÉCOUVRIR LES CRITÈRES DES JUGEMENTS MORAUX

29 Comment apprendre à être honnête ?

Introduction

« Il faut TOUJOURS dire la vérité ! » Quand on est enfant, on entend souvent cette phrase et aussi l'histoire de Pinocchio, dont le nez s'allonge dès qu'il dit un mensonge ! L'honnêteté permet d'avoir avec les autres des relations sincères. Mais ce n'est pas si facile de dire la vérité tout le temps...
Découvrons ensemble ce qu'est l'honnêteté et pourquoi elle est si importante.

LIRE ET RÉFLÉCHIR

Situation 1

1. À votre avis, Max dit-il la vérité à ses amis ?

2. Selon vous, pourquoi se comporte-t-il ainsi ?

Situation 2

1. À votre avis, Max dit-il ici la vérité ?

2. Pourquoi ses amis ne veulent-ils pas le croire ?

Situation 3

1. Pourquoi Max se fait-il gronder par son père ? Que ressent-il ?

2. Selon Lili, pourquoi Max dit-il des mensonges ?

3. Selon le père de Max, qu'est-ce qui pourrait l'aider à ne plus mentir ?

Situation 4

1. À votre avis, pourquoi le père de Max et Lili ment-il à la voisine ?

2. Que ressent-il ? Est-il à l'aise avec ce mensonge ?

3. Selon lui, pourquoi peut-on parfois ne pas dire la vérité ?

29

COMPRENDRE

Leçon

L'honnêteté

Autour du mot

L'**honnêteté**, c'est le fait d'avoir des **qualités morales** qui rendent l'homme meilleur et lui permettent de vivre en harmonie avec les autres. L'honnêteté est aussi liée à la **vérité** et s'oppose alors au **mensonge** : être honnête signifie **dire la vérité** ; être malhonnête, c'est mentir en affirmant quelque chose que l'on sait être faux.

Les avantages de l'honnêteté

Être honnête permet de **vivre heureux** : on se sent mieux quand on agit de manière juste et quand on dit la vérité. Cela permet d'avoir avec les autres des relations fondées sur la **confiance**. Il faut avoir le courage de dire la vérité quand on a fait une erreur dont on a honte ou une faute que l'on regrette.

Pourquoi ment-on ?

- Cela arrive à tout le monde d'inventer une histoire pour plaire aux autres ou de dissimuler une bêtise pour ne pas se faire gronder. Mentir semble alors un **moyen facile** pour se faire aimer ou pour éviter une punition. Mais tôt ou tard, la vérité risque de se savoir... Même si parfois le mensonge est tentant, il vaut mieux dire la vérité !
- Dans certaines situations pourtant, on peut blesser quelqu'un en lui disant la vérité. Alors pour ne pas faire de peine aux autres, par politesse ou délicatesse, on peut parfois dire de « petits mensonges »...

L'honnêteté dans la société

L'honnêteté se vit à l'**échelle individuelle**, dans sa famille, avec ses amis, mais aussi à l'**échelle collective**, dans la société. On en parle dans la **politique** pour qualifier la manière dont un homme d'État communique avec ses électeurs : il se montre **honnête** et **transparent** s'il ne cache pas la vérité, si l'on peut comprendre ses décisions. On parle aussi d'honnêteté dans le contexte de la **justice** : tous ceux qui viennent témoigner devant un tribunal ont **prêté serment**, c'est-à-dire qu'ils ont juré de dire « **toute la vérité, rien que la vérité** ».

DÉBATTRE

1. Et vous ?

a. Avez-vous déjà menti pour ne pas blesser quelqu'un ?
b. Selon vous, est-ce qu'on ne doit pas dire ce qu'on pense si cela risque de faire de la peine aux autres ?

2. Quand on crie au loup...

a. Connaissez-vous le sens de l'expression « crier au loup » ?
b. Faites une recherche pour trouver d'où elle vient.

3. Mille mensonges

« Pour cacher un mensonge, il faut mentir mille fois. »

a. Comprenez-vous le sens de ce proverbe indien ?
b. Avez-vous déjà vécu une situation qui vous fait penser à ce proverbe ?

4. Quelles sont les conséquences du mensonge ?

Dans ces trois situations, demandez-vous tous ensemble quelles conséquences le mensonge pourrait avoir.

- Pablo ne comprend pas du tout l'exercice de mathématiques qu'un autre élève vient de corriger au tableau. L'enseignant sait qu'il a des difficultés dans cette matière et lui demande s'il a bien compris. Pablo répond : « Fastoche, je pourrai le refaire sans problème au contrôle demain ! »

- Pauline n'arrête pas de se moquer de Chloé, la nouvelle élève qui est arrivée en cours d'année. Personne n'ose prendre la défense de Chloé, qui confie sa détresse à Agathe, sa voisine de table. Un jour, après un cours, l'enseignant demande à Agathe si Chloé s'est bien intégrée dans la classe. Agathe a peur de révéler ce qui se passe et répond que tout va bien.

- Fatima offre à Camille un grand dessin avec des photos des deux amies. Elle a passé plusieurs heures à le réaliser et était très impatiente de lui offrir ! Camille trouve que ce dessin n'est vraiment pas beau, mais quand Fatima lui demande si ça lui plaît, elle répond : « Merci beaucoup, c'est un super cadeau ! »

RETENIR

1. Avec vos propres mots, expliquez pourquoi il est important d'être honnête pour avoir de bonnes relations avec les autres.
2. Expliquez pourquoi toute vérité n'est pas bonne à dire.

► DÉCOUVRIR LES CRITÈRES DES JUGEMENTS MORAUX

30 Qu'est-ce que la justice ?

Introduction

La vie est pleine de petites injustices : avoir moins de frites dans son assiette que son frère ou sa sœur, devoir se coucher avant la fin du film, se faire gronder alors qu'on posait juste une question à son voisin sur l'exercice... Mais le sentiment d'injustice nous joue parfois des tours et ne correspond pas toujours à une vraie injustice. Découvrons ensemble ce qu'est la justice.

LIRE ET RÉFLÉCHIR

Situation 1

1. Quel est le thème du débat proposé en classe ?
2. Quelles injustices les élèves évoquent-ils ? Êtes-vous d'accord avec eux ?
3. Relevez la définition de la justice donnée par la maîtresse.
4. Selon elle, pourquoi a-t-on inventé la justice ?

Situation 2

La maison de Max et Lili a été cambriolée. Les parents assistent au jugement du cambrioleur…

1. Relevez le vocabulaire lié à la justice. Comprenez-vous le sens de ces mots ?

2. Qui sont les personnes habillées en noir ? Où est l'accusé ?

3. À quelle peine le cambrioleur a-t-il été condamné ? Savez-vous ce qu'est un « TIG » ?

OBSERVER

Image 1

1. Comment le sentiment d'injustice de Max est-il représenté ?

2. Qu'est-ce qui est comique dans cette image ? Pourquoi ?

Image 2

1. Étudiez les expressions de Max et de Lili. Que ressentent-ils ?

2. Comment voit-on que cette situation est injuste ?

30 COMPRENDRE

Leçon

La justice

Qu'est-ce que la justice ?

• La justice, c'est d'abord le **principe** selon lequel on doit donner à chacun ce qui lui revient, selon ce qu'il mérite.

• C'est aussi un **ensemble de lois**, qui définissent dans une société **ce qui est autorisé** et **ce qui est interdit**.

• C'est enfin l'**institution** qui fait régner la justice dans un pays : le **pouvoir judiciaire** constitué par les **tribunaux** et les **juges**. Si une personne ne respecte pas une règle, les juges appliquent les **sanctions** prévues par la loi. La justice intervient pour gérer les conflits : **il est interdit de se faire justice soi-même**, ce qui signifie que personne n'a le droit de se venger.

Les principes de la justice

• La justice doit respecter la **liberté** de chacun : elle ne peut mettre quelqu'un en prison que si cette sanction est prévue par la loi.

• Elle respecte aussi l'**égalité** de tous les citoyens : la loi est la même pour tous.

• Elle suit enfin le principe d'**impartialité** : elle doit s'éloigner des sentiments, ne pas prendre parti pour rester **neutre**. C'est pourquoi on ne peut pas, dans un procès, jouer le rôle du juge si on est trop concerné par une affaire : on dit qu'« **on ne peut à la fois être juge et partie** ».

La justice à l'école

• À l'école, pour régler un conflit, il faut faire intervenir une personne qui n'est pas directement impliquée, comme un enseignant ou un surveillant.

• Les **règles** et les **sanctions** permettent à tous les élèves de **travailler ensemble**. Elles interdisent et punissent certains comportements, afin de protéger chacun. En comprenant le sens des règles et des sanctions, on apprend ainsi à **agir de manière juste et responsable**.

Ce n'est pas juste !

• Distinguer **ce qui est injuste** de **ce qui est contrariant** n'est pas toujours facile. On dit souvent « Ce n'est pas juste ! » quand on est déçu ou agacé, mais pas victime d'une vraie injustice ! Lorsqu'on est enfant, devoir aller se coucher ou se couvrir davantage parce qu'on est malade, ce n'est pas vraiment une **injustice** ; c'est simplement une **contrainte** que les parents imposent pour **protéger** leurs enfants.

• En revanche, être puni pour une faute que l'on n'a pas commise constitue une **vraie injustice**. Il faut donc bien faire la différence entre **ce qui nous ennuie** et **ce qui est vraiment injuste**.

DÉBATTRE

1. Et vous ?

a. Avez-vous déjà éprouvé un sentiment d'injustice ?
b. Racontez ces expériences à votre voisin.
c. Discutez ensemble en vous demandant si ce que vous avez vécu était ou non une vraie injustice.

2. Les symboles de la justice

a. Faites une recherche sur Internet pour trouver quels sont les symboles de la justice.
b. Quelle est la signification de chacun de ces symboles ?
c. Faites un dessin de ces symboles.

3. Comment se passe un procès ?

Dans le livre *Max trouve que c'est pas juste*, Kim a copié sur Max au contrôle. La maîtresse soupçonne Max, qui reconnaît alors une faute qu'il n'a pas commise afin de protéger Kim. Pleine de remords, celle-ci finira par avouer que c'est elle qui a triché, parce qu'elle avait peur de décevoir ses parents avec une mauvaise note.

La classe se répartit les rôles et organise le faux procès de Kim :

- Kim présente les circonstances qui expliquent sa faute.
- L'avocat de Kim prend sa défense.
- Max présente les raisons qui l'ont poussé à mentir.
- L'avocat de Max prend sa défense.
- Lili vient témoigner de la tristesse de son frère.
- Le juge prend une décision.
- Le greffier note tout le déroulement du procès.

4. Qui est présent lors d'un procès ?

À partir de ce faux procès, définissez avec l'enseignant le rôle des personnes qui participent à un procès : accusé, victime, avocat, témoin, juge, greffier.

RETENIR

1. Avez-vous retenu quels sont les principes de la justice ?
2. Pourquoi faut-il faire la différence entre ce qui nous ennuie et ce qui est vraiment injuste ?

► DÉCOUVRIR LES CRITÈRES DES JUGEMENTS MORAUX

31 Comment développer son jugement moral ?

Introduction

Au quotidien, quand on doit agir, il est parfois difficile de savoir quelle décision il faudrait prendre. On peut vivre de vrais conflits dans nos têtes, entre nos envies et ce que nous dit notre conscience morale… On peut aussi se retrouver face à des choix très difficiles entre deux valeurs qu'on nous a enseignées. Comment apprendre à distinguer le bien du mal pour faire les meilleurs choix ?

LIRE ET RÉFLÉCHIR

Situations 1 - 2 - 3

1. Quel est le point commun entre ces trois situations ?
2. Décrivez chaque situation : entre quoi et quoi Max hésite-t-il ?
3. D'après vous, que représentent les Max diables et les Max anges ?

Situation 4

Max et Kim sont accusés par la maîtresse d'avoir triché lors d'un contrôle. Max est innocent…

1. Quelles sont les deux options entre lesquelles Max doit choisir ?

2. Citez les inconvénients et les avantages de chaque option.

3. Que ressent Max ? Que ressent Kim ?

4. Comment la maîtresse réagit-elle ? Pourquoi ?

Situation 5

Max découvre que son ami Jérémy est maltraité par son père, mais Jérémy lui a fait jurer de ne rien dire à personne…

1. Que se passe-t-il dans la tête de Max ? Pourquoi ?

2. Selon vous, doit-il parler à ses parents ou respecter sa promesse ?

3. Pourquoi n'est-ce pas facile de choisir entre ces deux options ?

COMPRENDRE

Leçon

Le jugement moral

Juger par soi-même

• Il est important de juger les situations que l'on vit en fonction de **valeurs** comme la **justice**, l'**altruisme***, la **loyauté***, l'**honnêteté**, le **respect**... Ces valeurs orientent nos choix et nous permettent de savoir quelles sont les bonnes décisions à prendre.

• À l'école, dans la famille, on apprend petit à petit à découvrir ces valeurs, à **juger par soi-même** et à agir de la manière la plus juste possible.

Le dilemme moral

• Le mot « dilemme » vient du grec *dilêmma* qui signifie « double proposition ». C'est une situation où l'on doit choisir entre **deux options** qui comportent toutes deux des **inconvénients** : on est obligé de **faire un choix qui met en conflit deux valeurs**. Cette confrontation entraîne souvent des conflits intérieurs, que l'on ne sait pas comment résoudre !

• Face à un dilemme moral, on est parfois obligé de **prendre une décision où une valeur l'emporte sur une autre** : par exemple protéger la sécurité de quelqu'un même si on ne respecte pas la parole qu'on lui a donnée.

Développer sa conscience morale

• En tant qu'être humain **responsable**, on doit donc être guidé par des valeurs, mais aussi réfléchir aux **conséquences de nos actions**.

• Quand on se sent tiraillé entre plusieurs choix possibles, quand on ne sait pas quoi faire dans certaines situations, on peut prendre conseil auprès de ses amis, de sa famille ou de ses enseignants. C'est comme ça qu'on apprend à **distinguer le bien du mal**, c'est-à-dire à **développer sa conscience morale**.

DÉBATTRE

1. Quelle décision prendre ?

a. Réfléchissez aux situations suivantes.

- Nadja n'arrête pas de se moquer de Manon, de faire des remarques méchantes sur son physique devant d'autres élèves. Caroline, la meilleure amie de Nadja, comprend que Manon souffre ; elle en parle à Nadja, qui lui répond que ce « petit jeu » l'amuse et qu'elle ne compte pas s'arrêter !
Que doit faire Caroline ? Aller prévenir l'enseignant du comportement de Nadja ou ne pas « trahir » ni « dénoncer » sa meilleure amie ?

- Avant de sortir en récré, Francesco a vu Théo, son ami d'enfance, déchirer une affiche accrochée au mur de la classe. Après la récré, l'enseignant punit Ariane qui est assise à côté de l'affiche : il pense que c'est elle qui l'a abîmée !
Que doit faire Francesco : « dénoncer » Théo ou respecter sa loyauté envers son ami ?

- Héléna a surpris son grand frère Arthur en train de fumer du cannabis et lui a promis de ne pas révéler son « secret ». Mais elle voit bien que le comportement d'Arthur a changé : il est déprimé, fatigué, et ses notes dégringolent…
Héléna doit-elle rompre sa promesse et avertir leurs parents ?

b. Que ressentent Caroline, Francesco et Héléna ?
c. Que feriez-vous à leur place ? Pourquoi ?

2. Inventer un dilemme moral

a. Par petits groupes, inventez un dilemme moral et expliquez-le à l'enseignant. Proposez-le ensuite à un autre groupe d'élèves.
b. Chaque groupe réfléchit au dilemme moral qu'on lui propose.
c. Un rapporteur nommé dans chaque groupe expose la situation à la classe et résume les avantages et les inconvénients des deux options possibles face au dilemme.
d. Demandez-vous tous ensemble quelle est la bonne décision à prendre pour chacun des dilemmes.

RETENIR

1. Avec vos propres mots, expliquez ce qu'est un dilemme moral.
2. Comment peut-on développer sa conscience morale pour agir de la manière la plus juste possible ?

L'ENGAGEMENT

AGIR INDIVIDUELLEMENT ET COLLECTIVEMENT

COMPÉTENCES

- S'engager dans la vie scolaire
- S'engager dans la vie collective
- S'engager dans l'humanitaire
- S'engager dans l'écologie

► S'ENGAGER DANS LA VIE SCOLAIRE

32 Quel est le rôle du délégué de classe ?

Introduction

À l'école, au début de chaque année scolaire et dans chaque classe, on élit les représentants des élèves : les délégués de classe.
Découvrons ensemble quel est le rôle et quelles sont les responsabilités d'un délégué.

LIRE ET RÉFLÉCHIR

Situation 1

1. Qui peut se présenter dans la classe à l'élection du délégué proposée par la maîtresse ?

2. Que devront faire tous les candidats ? Pourquoi ?

Situation 2

1. Pourquoi Max parle-t-il d'« électeurs » et d'« électrices » au début de son discours ? Comprenez-vous le sens de ces mots ?

2. Quelles valeurs Max défend-il ? Que veut-il combattre ?

3. En quoi est-ce une expérience citoyenne de se présenter ou de participer à l'élection des délégués ?

Situation 3

Après le discours des autres candidats, le vote et le dépouillement, Max a été élu délégué. Il doit rapidement intervenir pour améliorer les rapports entre ses camarades…

1. Dans quelle situation Max intervient-il ? Comment ?

2. Quelles valeurs rappelle-t-il à ses camarades ?

3. Selon vous, le délégué est-il un chef qui dicte ses lois aux autres élèves ?

OBSERVER

Image 1

1. À votre avis, que ressent chaque personnage ?

2. Quel moment de l'élection d'un délégué de classe est représenté ici ?

3. Relevez la touche d'humour de l'image.

Image 2

1. Comment Max imagine-t-il sa vie de délégué ?

2. Selon vous, ce rêve correspond-il aux vraies responsabilités d'un délégué ?

32 COMPRENDRE

Leçon

Le délégué de classe

Le suffrage universel

• En France, tous les citoyens ont le droit de voter pour élire le président de la République, les députés, les maires... Pour pouvoir voter, il faut **être de nationalité française**, **être majeur**, c'est-à-dire avoir dix-huit ans, et **être inscrit sur les listes électorales**.

• Le jour d'une élection, on se rend dans un **bureau de vote** avec sa **carte d'électeur**. L'électeur prend une enveloppe et le **bulletin** de chacun des **candidats**. Il va dans l'**isoloir** pour glisser le bulletin choisi dans l'enveloppe : le vote est **anonyme** et **secret**. Ensuite, il insère son enveloppe dans l'**urne**. Le **dépouillement** est la dernière étape du vote : on comptabilise le nombre de voix pour chaque candidat afin de pouvoir annoncer qui est le vainqueur des élections.

Le rôle du délégué

• Un délégué de classe est élu en début d'année pour **être le porte-parole** des élèves et les représenter devant l'équipe éducative. Il y a en général deux délégués dans chaque classe ; chacun a un **délégué suppléant** qui l'aide et qui peut le remplacer si besoin.

• Les délégués **représentent tous les élèves** et pas seulement leurs amis, ils ne doivent pas non plus servir leur intérêt particulier ; ils doivent **rendre la classe solidaire** ; ils doivent **favoriser l'unité de la classe** en s'impliquant pour **régler les conflits** et en **proposant des projets collectifs** à réaliser.

Les qualités d'un bon délégué

→ Être attentif à ce qui passe dans la classe pour repérer les problèmes.
→ Savoir écouter les autres élèves pour comprendre les difficultés qu'ils rencontrent.
→ Avoir des idées pour améliorer la vie de la classe.
→ Savoir prendre la parole en public en respectant et en écoutant les autres.
→ Travailler en équipe.

DÉBATTRE

1. Et vous ?

a. Avez-vous déjà été élus délégués de classe ?
b. Si c'est le cas, racontez vos expériences à vos camarades et ce que vous avez appris.

2. Un super délégué !

Décrivez votre « délégué idéal » : quelles qualités vous paraissent nécessaires pour être un bon délégué de classe ?

3. Vrai ou faux ?

Vrai	Faux	
☐	☐	Si un élève dégrade le matériel de l'école, le délégué doit nettoyer ou réparer ce qui a été abîmé.
☐	☐	Le délégué donne des ordres aux autres élèves.
☐	☐	Si un délégué repère une situation de harcèlement dans la classe, il doit en informer immédiatement un adulte.
☐	☐	Le délégué propose les idées et les projets de sa classe au conseil des enfants.
☐	☐	Si un élève rencontre un problème, il peut en parler à un adulte sans en parler d'abord au délégué.

4. Le suffrage universel

a. Reliez chaque mot à sa définition.

Le candidat… •	• … est celui qui a le droit de voter, car il est inscrit sur une liste électorale.
L'électeur… •	• … est un papier où est inscrit le choix de l'électeur.
L'isoloir… •	• … est celui qui se présente à une élection.
L'urne… •	• … est une cabine dans laquelle l'électeur choisit son bulletin de vote.
Le bulletin de vote… •	• … est une boîte dans laquelle on glisse les bulletins de vote.

b. Avez-vous hâte d'avoir dix-huit ans pour pouvoir aller voter ?

RETENIR

1. Expliquez avec vos propres mots le rôle d'un délégué de classe.
2. Avez-vous compris ce qu'est le suffrage universel ?

33 Comment s'engager dans la vie de son école ?

Introduction

Apprendre à vivre ensemble à l'école n'est pas toujours facile.
Pour y arriver, il est important que les élèves puissent exprimer librement leurs idées, parler de leurs difficultés, résoudre leurs conflits… Il y a aussi beaucoup d'occasions qui permettent à tous de mieux se connaître et de coopérer dans la bonne humeur !
Par quels moyens peut-on s'engager dans la vie de son école ?

LIRE ET RÉFLÉCHIR

Situation 1

1. Selon vous, quel est le but de ce conseil d'élèves ?

2. Quel est le rôle de Max et Fathia, les délégués ?

3. Quel est le rôle des autres élèves ?

4. Que pensez-vous de leurs propositions ?

Situation 2

1. Qui est présent dans cette réunion ?

2. Quelle est la mission de Max en tant que délégué de classe ?

3. Comment se sent-il ? Pourquoi d'après vous ?

4. Seriez-vous à l'aise à sa place ?

Situation 3

1. Que s'est-il passé entre Max et Nicolas ?

2. Quel est le rôle de Fathia ici ?

3. À l'occasion de ce conseil, qu'est-ce que les autres élèves expriment ?

4. Selon vous, ce conseil va-t-il permettre d'améliorer l'ambiance de la classe ?

OBSERVER

Image

1. Décrivez la fête de l'école de Max et Lili.

2. Quelles émotions les personnages ressentent-ils ?

3. Selon vous, en quoi participer à l'organisation d'une fête d'école permet de s'engager dans la vie de son établissement ?

33 COMPRENDRE

Leçon

L'engagement dans la vie scolaire

Le conseil d'élèves

- Le conseil d'élèves a lieu au **sein d'une classe** et a pour but d'**améliorer le vivre ensemble**. Un **président de séance** est nommé par l'enseignant ; il doit distribuer équitablement la parole entre les élèves. Un **secrétaire de séance** prend des notes pour qu'il y ait une trace écrite du conseil.
- Un conseil d'élèves peut être l'occasion de **rédiger les règles collectives**, de trouver des solutions pour **régler des conflits**… Les élèves proposent aussi leurs projets concernant la classe et l'école. Par exemple, ils peuvent lancer une récolte de fonds pour aider une association*, faire la demande d'une classe découverte, présenter un projet d'exposition…
- Les **délégués** sont là pour **représenter** les élèves. Ils notent les idées et pourront transmettre les demandes au directeur et aux enseignants, notamment lors d'un conseil des enfants.

Le conseil des enfants

- Le conseil des enfants est une réunion entre les **représentants des élèves** (les délégués de toutes les classes), les **enseignants** et le **directeur**. Il a lieu dans une salle de l'établissement.
- C'est l'occasion de **s'engager dans la vie de l'école**, en présentant des projets collectifs, des propositions pour l'aménagement de l'établissement… On s'initie ainsi aux règles du **débat démocratique** ; on apprend à **prendre des décisions à plusieurs** et à **faire des compromis** ; on découvre comment différencier son intérêt particulier de l'**intérêt général** : c'est une véritable **expérience de la vie citoyenne** !

Les rôles des élèves et des enseignants dans un conseil des enfants

- Les **élèves** proposent d'abord aux délégués, dans le cadre de leur classe, leurs projets pour l'école et y réfléchissent tous ensemble. Ils présentent ensuite ces idées, par l'intermédiaire de leurs délégués, lors du conseil des enfants. Après ce conseil, ils ont enfin le devoir de respecter les décisions prises.
- Les **enseignants** veillent à ce que tous les délégués puissent prendre la parole et exposer les idées de leur classe. Ils écoutent leurs propositions et leurs demandes. Si les décisions prises par le conseil sont difficiles à appliquer, ils en parleront lors du conseil d'école, qui rassemble l'équipe éducative.

DÉBATTRE

1. Et vous ?

Trouvez-vous que l'ambiance de la classe vous permet de bien apprendre et de bien communiquer avec les autres ? Chacun remplit de son côté ce tableau.

Ce que j'aime dans la classe	Ce que je trouve difficile dans la classe	Mes idées pour améliorer la vie de la classe
-	-	-
-	-	-
-	-	-

2. L'organisation d'un conseil d'élèves

a. Chacun écrit au tableau un sujet dont il voudrait parler concernant la vie de la classe. Il doit préciser à ses camarades pourquoi c'est important pour lui.
b. Choisissez tous ensemble avec l'enseignant l'un des sujets proposés. L'enseignant désigne un président de séance et un secrétaire de séance.
c. À partir de cet ordre du jour, faites un conseil d'élèves en respectant bien toutes les règles du débat argumenté (voir « Les petits conseils pour débattre » de la séquence 25 « Comment débattre avec les autres ? »).

3. Des petites actions pour s'engager

Continuez cette liste de toutes les actions par lesquelles on s'engage dans la vie de sa classe et de son école :

- Avoir des responsabilités en classe (effacer le tableau, distribuer les polycopiés...).
- Aider un camarade à comprendre la leçon ou l'exercice.
- Proposer des projets de pièces de théâtre pour le spectacle de fin d'année.
- ....

4. Vive les fêtes d'école !

Racontez ou rédigez le souvenir que vous gardez d'une fête dans votre école.

- Qu'est-ce qui était organisé ?
- Qu'est-ce vous avez préféré ?
- Qu'est-ce que vous auriez aimé améliorer ?
- Est-ce que vous avez eu un rôle dans l'organisation ou dans le déroulement de la fête ?
- Était-ce l'occasion de découvrir autrement vos camarades et vos enseignants ?
- Était-ce une journée réussie ?

RETENIR

1. Avec vos propres mots, expliquez ce qu'est un conseil d'élèves.
2. Avec vos propres mots, expliquez ce qu'est un conseil des enfants.

34 Comment s'engager en tant que citoyen ?

► S'ENGAGER DANS LA VIE COLLECTIVE

Introduction

À l'école, on fait l'apprentissage de la citoyenneté en donnant son avis dans les débats, en apprenant à vivre avec les autres, en formant son esprit critique pour comprendre la société dans laquelle on vit... En tant que jeune citoyen, on peut aussi s'engager dans sa commune ou dans sa ville.
Découvrons ensemble comment on peut s'impliquer dans la vie collective.

LIRE ET RÉFLÉCHIR

Situation 1

1. Dans quel lieu Lili et ses amis se rendent-ils ? Qu'ont-ils envie de faire ?

2. Qu'est-ce que le maire leur propose ?

3. Savez-vous ce qu'est un conseil municipal des enfants ? Savez-vous quelles sont ses missions ?

Situation 2

1. Qu'est-ce que Max propose à sa sœur ?

2. Expliquez la remarque de Lili.

3. En quoi le comportement de Max est-il solidaire ?

COMPRENDRE

L'engagement citoyen

Des citoyens en herbe

À l'école, dans leur ville, les enfants découvrent ce qu'est la **citoyenneté*** : ils s'initient au débat démocratique en discutant avec leurs camarades en classe et au **suffrage universel*** en élisant des délégués ; ils peuvent se tenir au courant de l'actualité en lisant des journaux adaptés à leur âge ; ils participent à la **protection de l'environnement** en apprenant à recycler.

Le conseil municipal des enfants

Le conseil municipal des enfants est l'occasion pour les enfants de **faire l'apprentissage de la vie politique** et de présenter leurs idées pour **la vie de leur ville ou de leur commune**. Le conseil est formé d'enfants de sept ans et plus ; il se réunit plusieurs fois dans l'année en présence du maire.

S'engager au quotidien

On peut **s'impliquer dans la vie collective** en participant à des projets, en s'engageant dans des associations*, en se tenant au courant des événements de sa ville... On peut aussi, tout simplement, **aider les autres au quotidien** : ses voisins, les personnes âgées, les personnes handicapées... Tous les petits gestes solidaires rendent la société plus unie !

DÉBATTRE

1. Connaître sa ville ou sa commune

a. Comment s'appelle votre ville ou votre commune ?
b. Faites une recherche pour savoir quelle est sa superficie et combien d'habitants elle compte.

2. Le conseil municipal des enfants

a. Votre ville ou votre commune possède-t-elle un conseil municipal des enfants ?
b. Si c'est le cas, cherchez quels projets ont été proposés à la ville ou à la commune par ce conseil.

3. Et vous ?

a. Avez-vous des idées pour améliorer la vie de votre ville ou de votre commune ?
b. Quels comportements citoyens avez-vous au quotidien ?

RETENIR

Avec vos propres mots, expliquez ce qu'est un conseil municipal des enfants.

► S'ENGAGER DANS LA VIE COLLECTIVE

35 Pourquoi coopérer ? Pourquoi s'entraider ?

Introduction

« Un pour tous et tous pour un ! », « On est toujours plus fort ensemble que seul », « L'union fait la force ! », « Chacun peut apporter sa pierre à l'édifice »…
Toutes ces phrases montrent que la mise en commun des capacités de chacun permet d'accomplir de grandes choses. S'il faut apprendre à se débrouiller seul pour grandir, il est aussi essentiel de savoir comment agir à plusieurs.
Qu'est-ce que la coopération et l'entraide peuvent nous apporter ?

LIRE ET RÉFLÉCHIR

Situation 1

1. Qu'est-ce que Lili propose à ses amis ? Pourquoi ?

2. Quelles émotions cette proposition entraîne-t-elle ?

3. Qu'est-ce que chacun aimerait faire ?

4. À votre avis, dans le cadre d'un projet artistique, qu'est-ce que la coopération peut apporter ?

Situation 2

1. Que font Max, Jérôme et Jérémy pour aider Alex à monter dans la cabane ?

2. Qui a eu cette idée ?

3. Est-ce qu'ils réussiraient sans la coopération de tous ?

Situation 3

1. Quelle « révélation » Max a-t-il eue pendant l'été ?

2. Que propose-t-il ?

3. À votre avis, dans le cadre de l'école, qu'est-ce que l'entraide peut apporter ?

OBSERVER

Image

1. Observez cette image. Qu'est-ce que l'esprit d'équipe ?

2. Quelles émotions la victoire de Max et de ses amis entraîne-t-elle ?

3. D'après vous, que nous apprennent les sports collectifs ?

COMPRENDRE

Leçon

La coopération et l'entraide

Autour des mots

- Le verbe « **coopérer** » vient du latin *cooperari* qui signifie « opérer avec quelqu'un », c'est-à-dire « travailler, accomplir » à plusieurs.
- Le verbe « **s'entraider** » signifie « s'aider les uns les autres ».
- Grâce à la **coopération** et à l'**entraide**, on agit donc ensemble pour accomplir des actions, donner forme à des projets ou résoudre des situations difficiles.

L'union fait la force

- Que ce soit dans une classe, un groupe d'amis, une équipe sportive ou à l'échelle de la société, on est **tous dépendants les uns des autres**, et personne ne peut compter que sur soi.
- En unissant nos forces, on met en commun nos qualités. C'est pourquoi on est **plus forts ensemble** : chacun a des compétences qu'il peut apporter au groupe. À plusieurs, on est aussi plus intelligents, car l'échange des points de vue de chacun permet de faire naître de nouvelles idées ! Lorsqu'on coopère, les compétences, les points forts et les idées de tous sont donc complémentaires.

Un pour tous et tous pour un !

- Cette devise célèbre a été popularisée par *Les Trois Mousquetaires*, le roman d'Alexandre Dumas (écrivain français du XIXe siècle). Elle met en avant la **solidarité**, sentiment qui nous pousse à nous aider les uns les autres.
- La coopération et l'entraide reposent sur d'autres valeurs : la **générosité**, la **confiance**, l'**altruisme***. Quand on agit à plusieurs, l'**intérêt collectif** rencontre l'intérêt de chacun.

Le sentiment de fraternité

- La coopération et l'entraide créent un sentiment de **fraternité*** et de **camaraderie** qui nous rapproche les uns des autres : on se rend compte que l'aide de chacun est précieuse. On ressent cette fraternité dans les **travaux en groupe à l'école**, dans les **sports d'équipe** ou les **spectacles**.
- La coopération est aussi une occasion de prendre conscience des qualités qu'on peut mettre au service de tous, et ainsi d'être reconnus et respectés. La coopération permet donc souvent de prendre **confiance en soi**. On n'est jamais nuls en tout, on est tous bons à quelque chose ! Voilà ce qu'on apprend en coopérant.

DÉBATTRE

1. Et vous ?

a. En classe, avec vos amis ou dans votre famille, quelles occasions avez-vous eues de coopérer avec les autres ?
b. Racontez vos expériences et ce que vous avez ressenti.

2. Vive l'entraide !

Imaginez des situations où l'entraide permet de sortir d'un mauvais pas ou de résoudre un problème.

Exemple de situation : Trois amis se promènent en forêt et se retrouvent au croisement de deux sentiers… Heureusement, Alix, qui a un très bon sens de l'orientation, trouve vite quel est le bon chemin à prendre ! La petite troupe arrive ensuite au bord d'un ruisseau qu'il faut traverser. Alix est le seul à ne pas avoir de bottes en caoutchouc. Pas de problème, les deux autres joignent leurs mains pour le porter : à leur tour d'aider leur ami !

3. Une seule main n'applaudit pas

a. Réfléchissez au sens de ce proverbe touareg : « Une seule main n'applaudit pas. »
b. Réalisez une grande affiche qui illustre ce proverbe pour la classe.
Commencez par discuter tous ensemble pour que chacun participe en apportant ses propres compétences : dessin, découpage, coloriage, photo…

4. Place au débat philo !

Êtes-vous d'accord avec ce proverbe africain :
« Seul on va plus vite, ensemble on va plus loin » ?

RETENIR

Complétez le texte avec les mots suivants :
artistiques - théâtre - coopère - musique
travailler - s'entraider - sport - seul - équipe.

Face à une situation difficile, on peut ………………… pour trouver ensemble une solution aux problèmes. Quand on ………………… avec les autres, on accomplit à plusieurs des choses que l'on ne pourrait pas faire ………………… . À l'école, ………………… à plusieurs permet souvent de progresser. Dans le ………………… , grâce à l'esprit d'………………… , on remporte des victoires. Dans les projets ………………… , la coopération permet de réaliser beaucoup de choses : groupes de ………………… , spectacles de danse, pièces de ………………… , etc.

► S'ENGAGER DANS LA VIE COLLECTIVE

36 Comment se montrer solidaire ?

Introduction

Face aux différents problèmes de la société, face aux inégalités, on peut refuser l'indifférence et décider d'agir. De nombreux citoyens s'engagent dans des associations pour tenter, petit à petit, de changer les choses. La solidarité se manifeste aussi au quotidien, lorsqu'on aide par de petits gestes ceux qui en ont besoin. Découvrons ensemble comment on peut être solidaire !

LIRE ET RÉFLÉCHIR

Situation 1

1. Que se passe-t-il dans cette scène ?

2. Pourquoi le comportement de Max est-il solidaire ?

3. Quelles autres actions solidaires peut-on accomplir dans la vie de tous les jours ?

Situation 2

Zigzou, la copine de Lili, est à l'hôpital. Son frère Léo, Lili et Clara lui rendent visite...

1. Pourquoi cette visite est-elle solidaire ?

2. Quelle affiche la mère de Max et Lili regarde-t-elle en sortant de l'hôpital ?

3. Pourquoi est-ce solidaire de donner son sang ?

Situation 3

1. Que s'est-il passé devant l'école de Max et Lili ?

2. Qu'est-ce que les élèves décident de faire ?

3. Que pensez-vous de leur geste ?

Situation 4

1. Dans quelle situation le père de Max et Lili se trouve-t-il ?

2. Que prévoit la loi pour l'aider ?

3. Pourquoi peut-on dire que la société est solidaire ?

36 COMPRENDRE

Leçon

La solidarité

Autour des mots

La **solidarité**, c'est le sentiment d'appartenir à un même groupe humain qui pousse à aider les autres. Elle est liée à l'**empathie** : dans son entourage, dans la société et même au-delà des frontières, on se met à la place des autres, comme si on était directement confronté à ce qu'ils vivent.

Une société solidaire

La solidarité est au cœur de la société, comme le montre le **système de protection sociale**. Chacun participe en payant des **cotisations** (qui dépendent des revenus), et l'argent est redistribué :

- L'**assurance maladie** soutient les personnes malades.
- L'**assurance vieillesse** aide les personnes âgées grâce aux retraites*.
- Les **allocations familiales** soutiennent les familles qui en ont besoin.
- L'**assurance chômage** vient en aide aux chômeurs.

Les associations

Par solidarité, de nombreux citoyens s'engagent dans des **associations.** Ce sont des groupes de personnes (souvent des **bénévoles**, c'est-à-dire des personnes qui travaillent gratuitement) qui se réunissent autour de **projets communs** pour **agir ensemble**. Les associations peuvent avoir des buts très variés : venir en aide aux plus pauvres, organiser des activités sportives, défendre l'environnement, soutenir des projets artistiques…

Comment être solidaire ?

- Être solidaire, c'est **être attentif** à ceux qui nous entourent et leur **porter secours** : un ami, une personne de la famille, une personne âgée qui a besoin de soutien.

- Chacun peut prendre part à des **actions de solidarité** organisées par une association : vide-greniers ou événements sportifs pour récolter de l'argent, collectes de nourriture, d'habits ou de jouets… On peut y participer même en étant mineur (moins de dix-huit ans), c'est une façon de **s'engager comme futur citoyen**.

DÉBATTRE

1. La Journée internationale de la solidarité humaine

Tous les 20 décembre, c'est la Journée internationale de la solidarité humaine.

a. Lisez cet extrait du discours prononcé par Lech Walesa au moment du lancement de la première Journée internationale de la solidarité humaine :

> « L'idée de solidarité humaine à l'échelle mondiale peut changer le monde, la solidarité, ce n'est pas seulement de la compassion. C'est un sentiment d'unité et de responsabilité commune. Nous devons en faire la base de l'ordre mondial contemporain... Nos rêves peuvent changer la face du monde mais ils doivent être accompagnés d'actions. »

b. Faites une recherche pour savoir quand cette journée a été créée et qui est Lech Walesa.
c. Selon lui, quelles sont les deux choses nécessaires pour que la solidarité puisse changer le monde ? Pourquoi à votre avis ?

2. Et vous ?

a. Racontez de petits événements du quotidien où vous vous êtes montrés solidaires.
b. Avez-vous déjà participé à des actions de solidarité ?
c. Est-ce que cela vous paraît important de venir en aide à ceux qui en ont besoin ?

3. Les associations

Préparez des exposés sur les missions et les actions de ces associations :
La Croix-Rouge - L'École à l'hôpital - Les Restos du cœur - SOS Racisme.

4. Place au débat philo !

Organisez un débat en classe autour de la question suivante :
qu'est-ce que ça change d'être solidaire ?

RETENIR

1. Avec vos propres mots, donnez une définition de la solidarité.
2. Expliquez en quelques phrases ce qu'est une association.
Donnez le nom de deux associations et leurs missions.

► S'ENGAGER DANS L'HUMANITAIRE

37 Quels sont les droits de l'enfant ?

Introduction

Avoir le droit de manger à sa faim, d'être soigné, d'aller à l'école, de jouer et de rire, tout cela semble naturel pour les enfants des pays riches... Et pourtant, les enfants n'ont pas toujours eu des droits, et il reste beaucoup à faire : dans certains pays, les enfants travaillent, n'ont pas accès aux soins médicaux, vivent des situations de guerre... Parce qu'ils ont besoin d'un cadre rassurant pour grandir, les adultes ont le devoir de les protéger.
Quels sont les droits de l'enfant, que tous les pays devraient faire respecter ?

LIRE ET RÉFLÉCHIR

Situation 1

1. De quel droit Lili parle-t-elle ?

2. Observez les expressions de Max et de Lili. Qu'est-ce que le cadre de la famille leur apporte ?

3. Comprenez-vous pourquoi tous les enfants ont besoin, comme Max et Lili, d'être entourés et aimés ?

Situation 2

1. De quoi Lili parle-t-elle ?

2. Comment Jérôme réagit-il ? Pourquoi ?

3. Savez-vous que dans les pays en voie de développement, de nombreux enfants souffrent de la faim ?

Situation 3

1. De quel droit Lili parle-t-elle ?

2. Comprenez-vous pourquoi ce droit devrait être respecté dans tous les pays du monde ?

Situation 5

1. De quoi Karim parle-t-il ?

2. Savez-vous que des millions d'enfants sont victimes des guerres ?

Situation 4

1. Lisez la bulle de Kim. Quels droits de l'enfant son pays ne respecte-t-il pas ?

2. De quel texte la maîtresse parle-t-elle ?

3. Lisez la bulle de Clara. Pourquoi est-ce une chance de pouvoir aller à l'école ?

4. Pourquoi notre monde est-il, comme le dit Max, un « drôle de monde » ?

37

COMPRENDRE

Les droits de l'enfant

Autour du mot

- Le mot « enfant » vient du latin *infans*, qui signifie « celui qui ne parle pas » ! Pendant longtemps, les enfants n'étaient pas considérés comme des **êtres humains dignes d'intérêt et d'estime**.
- C'est seulement au XXe siècle qu'on reconnaît qu'ils ont des **droits** et des **besoins différents** de ceux des adultes. Aujourd'hui, les pays considèrent les enfants comme des **êtres particuliers** qu'on doit protéger et aider. Les droits des enfants, c'est d'abord le devoir des adultes de les faire respecter !

La Convention internationale des droits de l'enfant (CIDE)

- En 1959, la **Déclaration des droits de l'enfant** reconnaît que les enfants ont des droits particuliers parce qu'ils sont fragiles et sans défense.
- En 1989, la **Convention internationale des droits de l'enfant** est adoptée par l'Assemblée générale des Nations unies. Pour l'instant, tous les pays du monde l'ont signée, sauf les États-Unis. Ces pays se sont engagés à faire de nouvelles lois pour que cette convention soit appliquée chez eux. Le 20 novembre, c'est la Journée internationale des droits de l'enfant !

Les quatre grands principes de la CIDE

- La **non-discrimination** : tous les enfants doivent être protégés, quels que soient leur nationalité, leur couleur de peau, leur sexe et leur religion.
- L'**intérêt supérieur de l'enfant** : en toutes circonstances, il faut préserver la santé et le bien-être des enfants.
- Le **droit à la survie et au développement** : les enfants doivent vivre et se développer sereinement.
- L'**opinion de l'enfant** : les enfants doivent pouvoir exprimer librement leurs idées.

Les droits et les devoirs de l'enfant

- Pour devenir des grandes personnes heureuses, les enfants doivent **vivre dans un environnement sûr**. Ils ont le droit de **manger à leur faim** et de **recevoir des soins médicaux**. Ils ont le droit d'**avoir une identité**, une nationalité et un passeport. Ils ont le droit de **s'instruire** et d'**exprimer ce qu'ils pensent**.
- Mais les enfants doivent aussi **être responsables**. C'est pour cela qu'ils ont aussi des devoirs : le devoir d'aller à l'école, de respecter les autres, de faire attention à l'environnement…

Histoire des droits de l'enfant

- Dans l'**Antiquité**, le *pater familias*, le père de famille, a le droit de vie et de mort sur son enfant.

- La loi romaine lui permet d'accepter ou de refuser le bébé à sa naissance.

- Au **Moyen Âge**, les peintures montrent les enfants comme des adultes en miniature.

- Au **XVIIe siècle,** l'enfant est mieux respecté. Mais son père conserve tous les droits sur lui. Par exemple, il peut le marier de force.

- Au **XVIIIe siècle**, Jean-Jacques Rousseau explique que « l'enfant a des manières de voir, de penser, de sentir qui lui sont propres ».

- En **1789**, les révolutionnaires reconnaissent que les enfants sont des individus et ont des droits.

- Mais les lois rétablies par l'empereur Napoléon 1er redonnent les pleins pouvoirs au père. Il peut par exemple, pour corriger son fils, le faire mettre en prison.

- À partir de **1889**, en France, maltraiter ou négliger un enfant peut être puni par la loi.

- Le **20 novembre 1959**, la Déclaration des droits de l'enfant est adoptée par l'Assemblée générale des Nations unies. Proposé par la Pologne, c'est le premier texte international qui protège les enfants.

- La Convention internationale des droits de l'enfant est adoptée le **20 novembre 1989**. Les États reconnaissent que les enfants ont des droits et des besoins différents de ceux des adultes.

37 DÉBATTRE

1. Quels sont les droits de l'enfant ?

a. Lisez attentivement chacun des droits de l'enfant présentés sur cette affiche de l'UNICEF.
b. Par groupe de deux, choisissez l'un de ces droits.
c. Préparez un petit discours à faire devant la classe : vous expliquerez aux autres pourquoi ce droit est fondamental et pourquoi il faut se battre pour qu'il soit respecté partout.

2. Les droits de l'enfant dans le monde

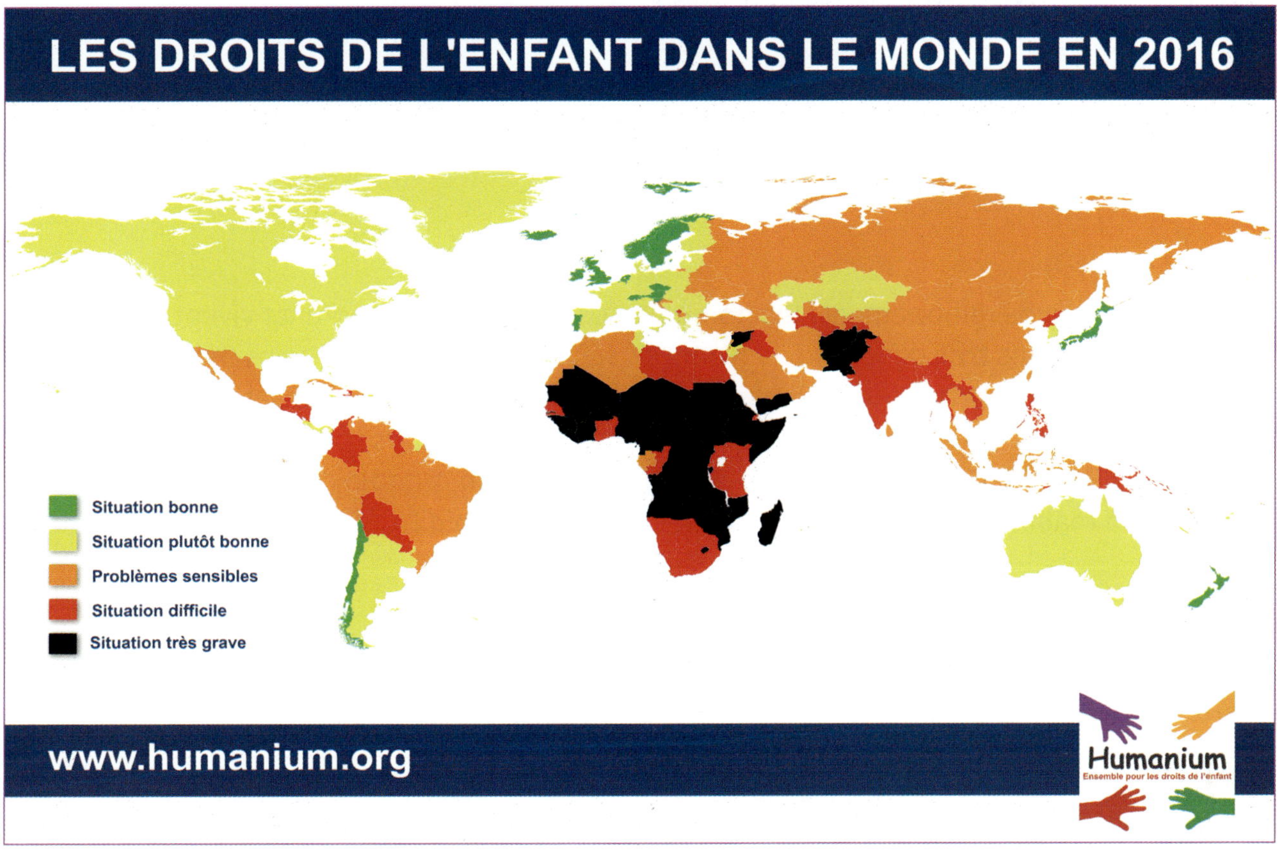

a. Regardez attentivement cette carte.
b. Avec votre enseignant, identifiez les pays dans lesquels la situation est difficile ou très grave. Puis remplissez ce tableau.

Pays où la situation est difficile	Pays où la situation est très grave
Inde, ...	Madagascar, ...
....	....
....	....
....	....

3. Les droits des enfants autour de nous

Autour de nous, des enfants peuvent vivre dans des conditions très dures, faire face par exemple à une grande pauvreté qui menace leur bonheur et leur santé.
a. Saviez-vous que dans les pays riches aussi, les droits de l'enfant ne sont pas toujours respectés ?
b. Faites une recherche pour savoir à qui vous pouvez vous adresser et quelles associations il faut contacter si un enfant de votre entourage est victime de maltraitance.

RETENIR

Quels droits de l'enfant avez-vous retenus ?

► S'ENGAGER DANS L'HUMANITAIRE

38 Qu'est-ce que l'engagement humanitaire ?

Introduction

Dans les pays en développement, les hommes, les femmes et les enfants vivent dans des conditions très difficiles : ils n'ont pas facilement accès aux soins médicaux, ne mangent pas à leur faim, leurs logements sont souvent en mauvais état…
Bien sûr, c'est aux gouvernements d'agir, mais nous pouvons tous, par de petits gestes, participer à la solidarité internationale. Vouloir changer un monde injuste et donner la main à ceux qui en ont besoin, c'est être humain !

LIRE ET RÉFLÉCHIR

Situation 1

1. Que raconte Koffi à ses camarades ?

2. Pourquoi Lili trouve-t-elle Aminata courageuse ?

3. Savez-vous que beaucoup d'enfants dans le monde ne peuvent pas aller à l'école ?

Situation 2

1. Que raconte Koffi à ses camarades ?

2. Qu'apprend la maîtresse aux élèves ?

3. Que ressentent Lili et ses camarades ? Pourquoi ?

Situation 3

1. Quelles sont les réactions des enfants ?

2. Quel mot la maîtresse utilise-t-elle pour parler de ce qui se passe dans certaines régions d'Afrique ?

3. Selon la maîtresse, la solidarité concerne-t-elle uniquement les gouvernements ?

Situation 4

1. Que propose la directrice de l'école de Max et Lili aux élèves ?

2. Qu'imaginent les élèves en entendant cette proposition ?

3. Quelle idée Lili a-t-elle ?

OBSERVER

Image

1. Que font Max, Lili, Kim et Koffi ?

2. Quels moyens ont-ils trouvé pour récolter de l'argent ?

3. Comment l'engagement solidaire des enfants est-il représenté ?

38

COMPRENDRE

Leçon

L'engagement humanitaire

La solidarité internationale

- En Afrique, en Amérique, en Asie, des hommes souffrent de la pauvreté et de la faim. Ils sont parfois aussi victimes de guerres. Lorsqu'on se sent **solidaire**, on se met à la place de ces hommes, parce qu'ils appartiennent comme nous à l'**humanité**.
- La **solidarité internationale** repose sur la **fraternité** : nous sommes tous frères et nous devrions tous vivre dans un monde plus juste ! Les États doivent lutter contre ces inégalités entre les pays et apporter leur aide aux populations les plus vulnérables.

L'engagement humanitaire

- L'**humanitaire** cherche à améliorer les conditions de vie de tous les hommes sur la Terre. **S'engager** dans l'humanitaire, c'est décider d'agir, refuser l'indifférence et apporter son aide à ceux qui en ont besoin, dans des pays plus ou moins proches de nous.
- La solidarité internationale est menée par les États, mais aussi par des **organisations internationales**. Ces organisations portent secours aux populations fragilisées (en cas de guerre, d'épidémie, de catastrophe naturelle...). Elles mènent aussi des actions sur de plus longues périodes pour aider les pays à se développer : campagnes de vaccination, construction de logements et d'écoles, **alphabétisation***...

L'exemple de l'UNICEF

- De nombreuses **ONG** (organisations non gouvernementales) agissent à travers le monde pour faire respecter les droits des enfants.
- L'UNICEF, le **Fonds des Nations unies pour l'enfance**, intervient dans de nombreux pays. Il a pour mission de défendre les **droits de tous les enfants**, où qu'ils vivent. Il s'engage à améliorer l'accès à l'école des filles et veille à ce qu'elles puissent s'instruire. Il développe des programmes pour faire enregistrer les naissances des bébés et aider les familles à leur donner le meilleur départ possible dans la vie. Il mène des campagnes de vaccination, distribue des soins, porte secours aux enfants orphelins. Il agit aussi dans les situations d'urgence.

Quelques ONG

- **Action contre la faim** : se bat contre la sous-nutrition (le fait de ne pas manger à sa faim).
- **Amnesty International** : lutte pour faire respecter tous les droits de l'homme.
- **Médecins sans frontières** : soigne et protège les populations.
- **Handicap International** : veille à l'autonomie et à l'intégration des personnes handicapées dans les sociétés.

DÉBATTRE

1. Et vous ?

a. Avez-vous vu, à la télévision ou dans des journaux, des reportages sur des pays où les hommes, les femmes et les enfants vivent des situations de guerre et de famine ?
b. Qu'avez-vous ressenti ?
c. Avez-vous déjà participé à une action de solidarité internationale dans le cadre de l'école, de votre famille, d'une association, d'un club de sport... ?
d. Si c'est le cas, racontez aux autres cette action et ce qu'elle vous a apporté.

2. Le commerce équitable

a. À la maison, faites une recherche sur le commerce équitable et notez la définition.
b. En classe, répondez à ces questions :
- Qu'est-ce que le commerce équitable apporte aux petits producteurs ?
- Qu'apporte-t-il à leurs familles ?
- Qu'apporte-t-il à leurs villages ?
- Qu'apporte-t-il à l'environnement ?

3. La solidarité n'a pas de frontières !

a. Réalisez une grande affiche avec un planisphère comme fond et le slogan : « La solidarité n'a pas de frontières ! »
b. Cherchez quels sont les pays les plus pauvres du monde et notez-les sur l'affiche.
c. N'oubliez pas de bien illustrer le slogan !

4. La solidarité avec la classe

a. Réfléchissez à une action solidaire que vous aimeriez mettre en place avec toute la classe.
b. Avec votre enseignant, demandez-vous comment vous pourriez y parvenir.

RETENIR

1. Avec vos propres mots, expliquez ce qu'est l'engagement humanitaire.
2. Expliquez pourquoi la solidarité internationale est importante.
3. Citez le nom et l'engagement des ONG que vous avez découvertes.

► S'ENGAGER DANS L'ÉCOLOGIE

39 Comment protéger la nature ?

Introduction

La nature, c'est tout ce qui existe avant les hommes et indépendamment d'eux. Une pomme, un ruisseau, un chaton, de grandes montagnes, une fourmi, les nuages, une rose, un grand chêne, le soleil, les éléphants, l'océan Atlantique, un brin d'herbe… La nature est multiple, riche, partout autour de nous. La relation des hommes avec la nature est compliquée : ils l'aiment, ils ont besoin d'elle, ils l'admirent, et pourtant, parfois, ils l'abîment, ne la respectent pas et oublient de la protéger.

LIRE ET RÉFLÉCHIR

Situation 1

1. Pourquoi le père de Max ramasse-t-il l'emballage en plastique ?

2. Que révèle la présence d'algues vertes sur les rochers ?

3. Quelles étapes du cycle de l'eau expliquent la pollution de la mer ?

Situation 2

Air pollué ! ... Les arbres produisent l'oxygène, et on coupe des forêts dans le monde ! ... Trop d'engrais chimiques pour faire pousser les plantes ! ... Économisez : l'énergie est chère à fabriquer ! ... Animaux : toujours plus d'espèces menacées ! ... Trop de déchets : envahis par les poubelles ! ...

1. Reprenez les bribes d'information de la télévision et associez-les à ces questions écologiques :

économie d'énergie - pollution - destruction de l'écosystème - protection des animaux - déforestation - recyclage.

2. Comment Lili se sent-elle face à toutes ces menaces pour la nature ?

3. Quel autre personnage semble très inquiet ?

OBSERVER

Image 1

1. Décrivez en une phrase ce que vous voyez.

2. Regardez les gestes et les expressions des deux personnages. Essayez d'imaginer ce que chacun pense.

3. Que signifie le geste de Lili ?

Image 2

1. Comment Lili et Clara se sentent-elles dans la nature ?

2. Quelles espèces animales sont représentées dans cette image ?

3. Selon vous, que peut apporter une promenade dans la nature ?

COMPRENDRE

Leçon

La protection de la nature

Le développement durable

Le développement durable correspond à l'idée que les hommes doivent répondre à leurs besoins (se nourrir, boire, se reproduire) tout en préservant les ressources pour que les **générations futures** puissent à leur tour répondre à leurs besoins : si nous nous servons sans compter dans les réserves de la planète, en restera-t-il assez pour nos enfants, nos petits-enfants, nos arrière-petits-enfants... ? Il est impératif d'apprendre à **économiser les ressources naturelles**, notamment l'eau et l'énergie.

Les déchets et la nature

- Il est **interdit de jeter ses ordures en pleine nature**. Quand aucune poubelle n'est à disposition, on garde ses déchets avec soi jusqu'à ce qu'on puisse les laisser dans une poubelle. Certains déchets peuvent mettre des mois, des années, des décennies, des siècles et même des millénaires pour disparaître.

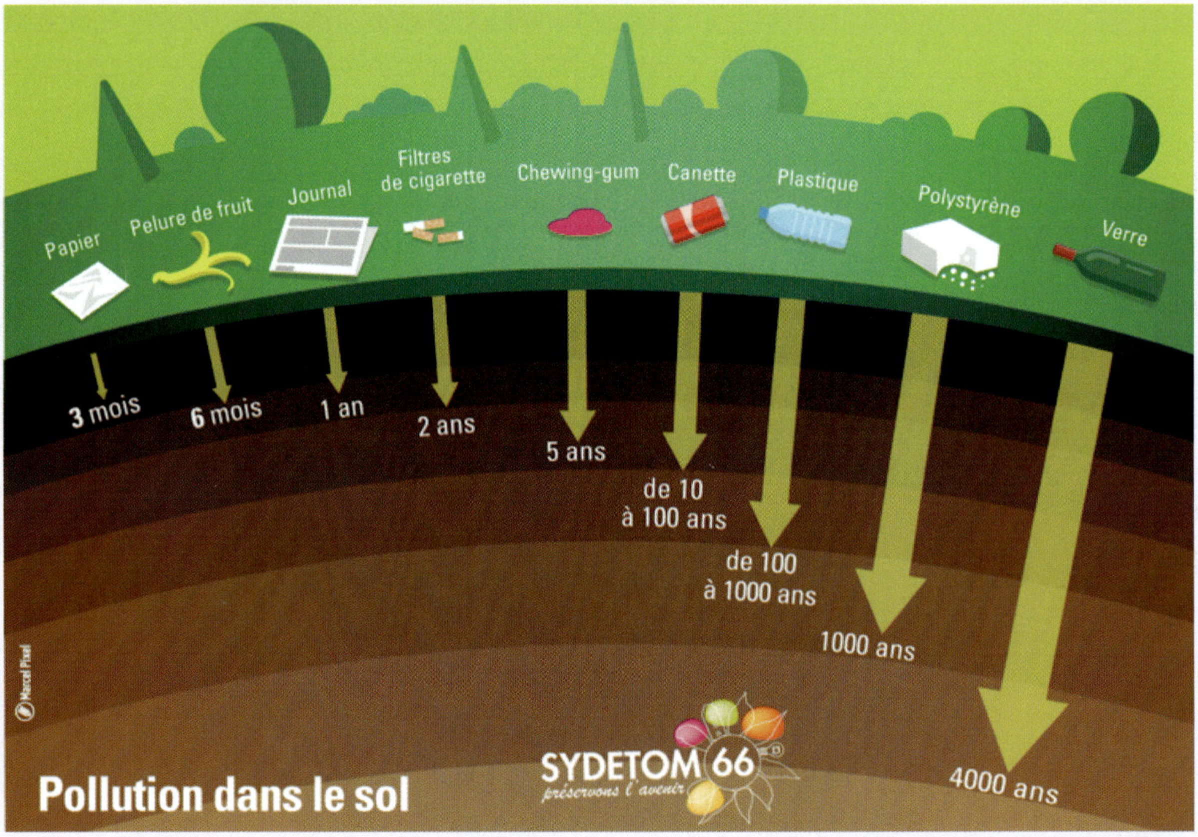

- Pour protéger la nature, les communes mettent en place le **tri sélectif**, qui consiste à jeter les différents déchets dans des containers propres à chacun. Le verre, le papier, le plastique sont séparés et traités différemment pour faciliter le **recyclage**. Les pelures de fruits et de légumes peuvent également être récupérées pour servir de **compost**. C'est un **devoir de citoyen** de veiller à respecter les consignes d'évacuation des ordures.

La pollution de l'eau

L'eau forme un **cycle** : l'eau de la pluie entre dans la terre, descend jusqu'aux nappes souterraines ou s'écoule jusqu'aux fleuves et jusqu'aux mers. Elle s'évapore ensuite, se transforme en nuages, qui produiront à nouveau de la pluie. C'est pourquoi, quand un déchet polluant se mélange à l'eau, les conséquences sont très graves : **la pollution se répercute à toutes les étapes du cycle de l'eau**.

La pollution de l'air

La pollution de l'air est liée à l'activité humaine (usines, utilisation des voitures, production d'électricité…). Quand l'air est trop pollué, on respire moins bien, et notre santé est en danger. L'air pollué salit la ville et les bâtiments. La pollution a aussi de graves conséquences sur le climat : on parle de **changement climatique** pour désigner les dérèglements inhabituels des températures et le **réchauffement de la planète**.

Consommer moins et mieux

- En consommant trop (trop de viande, trop de lait, trop de poisson…), les hommes poussent à la **surproduction**. Pour produire en grande quantité, on épuise les ressources naturelles et on les abîme en utilisant des engrais et des produits chimiques. En ayant « les yeux plus gros que le ventre », nous risquons en plus de favoriser le **gaspillage**. Aujourd'hui, un tiers de la nourriture produite est jeté !

- On peut aussi devenir un **consommateur responsable** en choisissant mieux ses produits : des produits durables et recyclables plutôt que des produits jetables, des produits issus du **commerce équitable**, qui protège les producteurs.

39 DÉBATTRE

1. La Charte de l'environnement

Article 1er • Chacun a le droit de vivre dans un environnement équilibré et respectueux de la santé.

Article 2 • Toute personne a le devoir de prendre part à la préservation et à l'amélioration de l'environnement.

Article 3 • Toute personne doit, dans les conditions définies par la loi, prévenir les atteintes qu'elle est susceptible de porter à l'environnement ou, à défaut, en limiter les conséquences.

Article 4 • Toute personne doit contribuer à la réparation des dommages qu'elle cause à l'environnement, dans les conditions définies par la loi [...].

Article 6 • Les politiques publiques doivent promouvoir un développement durable. À cet effet, elles concilient la protection et la mise en valeur de l'environnement, le développement économique et le progrès social.

Article 7 • Toute personne a le droit, dans les conditions et les limites définies par la loi, d'accéder aux informations relatives à l'environnement détenues par les autorités publiques et de participer à l'élaboration des décisions publiques ayant une incidence sur l'environnement.

Article 8 • L'éducation et la formation à l'environnement doivent contribuer à l'exercice des droits et devoirs définis par la présente Charte [...].

a. Lisez attentivement le texte ci-dessus.
b. D'après la Charte, quels sont les droits des citoyens ? Quels sont leurs devoirs ?
c. D'après la Charte, quels sont les devoirs des responsables politiques ?
d. Réfléchissez à votre manière de vivre au quotidien.
Trouvez-vous que vos droits en matière d'environnement sont respectés ?
Selon vous, y a-t-il des choses qui pourraient être améliorées ? Comment ?
e. Réfléchissez maintenant à vos devoirs.
Quels devoirs de citoyens essayez-vous de respecter au quotidien ?
Que pourriez-vous faire en plus ?

2. Des « petits gestes » pour préserver la nature

Avec votre voisin, répartissez dans le tableau toutes les « petites choses » qui permettent de préserver la nature :

a. Marcher ou pédaler au lieu d'être accompagné en voiture.
b. Éteindre la lumière en sortant.
c. Arrêter l'eau sous la douche pendant qu'on se savonne.
d. Ne prendre à la cantine que ce qu'on est sûr de manger.
e. Vérifier qu'on ne laisse pas d'ordures derrière soi quand on quitte un lieu.
f. Réutiliser ses cahiers d'une année sur l'autre lorsqu'il reste des pages.
g. Jeter son papier de bonbon dans la poubelle de la cour.
h. Faire ses courses avec un sac réutilisable pour ne pas prendre de sac plastique.
i. Récupérer les feuilles usagées pour en faire des brouillons.
j. Apprendre quels sont les végétaux présents dans le parc.
k. Monter un groupe de réflexion sur la nature.
l. Prendre des douches plutôt que des bains.
m. Éteindre la télévision ou la radio quand on quitte la pièce.

Les petites choses que l'on peut faire au quotidien	Les petites choses que l'on peut faire à l'école

RETENIR

Complétez le texte avec les mots suivants :
quotidien - monde - protection - air - tri sélectif - santé responsable - protéger - eau - devoir.

Nous devons .... les ressources naturelles comme l'.................... et l'.................... . Chacun est responsable de l'environnement et a le .... de le respecter pour que chacun puisse vivre sans danger pour sa .... Nous participons à la .... de la nature en adoptant des pratiques respectueuses comme le .... des déchets ou la consommation .... En classe ou au ...., on peut mettre en place des « petites choses » qui font de nous des citoyens du .... !

▸ S'ENGAGER DANS L'ÉCOLOGIE

40 Comment protéger les animaux ?

Introduction

Entre l'animal domestique qui nous accompagne tous les jours, l'animal que nous pêchons ou que nous élevons pour nous nourrir, ou encore l'animal sauvage qui nous fait rêver de voyages, les animaux font partie de notre quotidien !

Pourtant, nous oublions parfois de les respecter, en pratiquant des activités qui menacent leur existence. Du plus minuscule insecte au plus impressionnant mammifère, ils sont tous utiles à l'équilibre de la planète : protégeons-les !

LIRE ET RÉFLÉCHIR

Situation 1

1. Comment Max définit-il la biodiversité ?

2. Quels sont nos devoirs envers les animaux ?

Situation 2

1. Pour quelles raisons les hommes essaient-ils de pêcher en grande quantité ?

2. Quelles sont les conséquences sur les poissons ?

3. Trouvez-vous, comme Lili, que les humains « exagèrent » ?

OBSERVER

Image 1

1. Nommez les animaux représentés dans cette image.
Les connaissez-vous tous ?

2. En dehors des animaux, quels éléments de l'image appartiennent à la nature ? Faites une liste précise.

3. À votre avis, pourquoi Max s'occupe-t-il du bébé hérisson ?

4. D'après vous, Max et Lili sont-ils contents de protéger ces animaux ?

Image 2

1. Max a décidé de sauver les animaux. Trouvez un slogan pour cette campagne !

Image 3

1. Où se trouvent Max et Lili ?

2. Avez-vous déjà visité un zoo ? L'habitat naturel des animaux était-il reconstitué ?

3. D'après vous, est-ce qu'un zoo peut être utile pour la protection des animaux ?

Leçon

La protection des animaux

Autour du mot

Le mot « **biodiversité** » est composé de « bio », qui signifie en grec « le vivant » et de « diversité », qui veut dire « variété ». La biodiversité, c'est donc **l'ensemble des espèces vivantes**, animales et végétales. Elle est essentielle pour la vie humaine, car elle est utile à notre alimentation, à notre santé et à notre bien-être.

Les animaux dans la nature

- Les animaux se divisent en deux groupes : les **vertébrés** possèdent un squelette, tandis que les **invertébrés** n'en ont pas.
- Chaque animal évolue dans son **habitat naturel** : c'est le lieu dans lequel il peut se développer et participer à l'équilibre de la planète.
- Lorsqu'il mange d'autres animaux ou des plantes pour assurer sa survie, chaque animal régule naturellement les différentes espèces végétales ou animales ; de même lorsqu'il est lui-même mangé par un autre : c'est ce qu'on appelle la **chaîne alimentaire**.

Les menaces pour la biodiversité

- Les activités humaines représentent un danger pour la nature quand on la considère comme une réserve inépuisable en pratiquant une utilisation excessive (une **surexploitation**) des ressources.
- Les transformations que les hommes opèrent dans la nature sont parfois trop rapides, et les animaux n'ont pas le temps de s'habituer aux changements et de s'adapter : ils sont donc menacés lorsque leur **habitat naturel** est modifié.
- Le **réchauffement de la planète** perturbe aussi beaucoup les différentes espèces animales.

Les espèces en voie de disparition

Même le plus petit des insectes est vital pour sauvegarder l'**équilibre de la planète**. Il faut donc lutter afin de **sauvegarder la biodiversité**, en protégeant les **animaux en voie de disparition**, c'est-à-dire les animaux qui meurent sans avoir le temps de se reproduire normalement pour conserver l'espèce.

DÉBATTRE

1. Les animaux vertébrés

Avec votre voisin, classez les vertébrés suivants dans le tableau :

requin - couleuvre - ours - grenouille - mouette - dorade - éléphant - carpe baleine - lapin - dauphin - aigle - crocodile - triton - cheval - saumon - colibri.

Mammifères	Mammifères marins	Poissons	Reptiles	Oiseaux	Amphibiens

2. Les animaux invertébrés

Avec votre voisin, classez les invertébrés suivants dans le tableau :

crabe - coccinelle - escargot - crevette - moustique - araignée cigale - abeille - scorpion - papillon - moule.

Insectes	Mollusques	Arachnides	Crustacées

3. À votre avis...

- Pourquoi est-il parfois défendu de nourrir les animaux dans les parcs ?
- Pourquoi est-il interdit de rapporter une espèce exotique d'un pays étranger ?
- Pourquoi est-il interdit de chasser certains animaux ?
- Pourquoi est-il interdit de pêcher les poissons encore trop petits ?
- Pourquoi ne doit-on pas tuer les insectes, même ceux qui nous agacent ?
- Pourquoi ne doit-on pas jouer avec l'habitat naturel d'un animal, par exemple une fourmilière ?

4. Les espèces animales en danger ou disparues

a. Faites une recherche pour trouver quelles sont les dix espèces animales les plus menacées au monde et quelles sont les causes de cette situation pour chacune.
b. Par petits groupes, choisissez l'une des catégories d'animaux suivantes et cherchez quelles espèces ont disparu : cétacés, marsupiaux, primates, rongeurs, carnivores, phoques et otaries, tortues, lézards, serpents, poissons, insectes, oiseaux.

RETENIR

Avec vos propres mots, donnez une définition de la biodiversité.

Glossaire

A

Alphabétisation : enseignement de la lecture et de l'écriture.

Altruisme : comportement qui consiste à vouloir le bien des autres. C'est le contraire de l'égoïsme.

Animaux en voie de disparition : espèces animales menacées qui risquent de disparaître.

Argument : raisonnement qui permet de défendre ses opinions dans un débat.

Association : groupe de personnes qui se réunissent autour d'un projet commun afin d'agir ensemble, souvent pour défendre une cause.

Athée : celui qui ne croit pas en Dieu.

Athéisme : fait de ne pas croire en Dieu.

B

Balance énergétique : différence entre ce que l'on mange (les apports nutritifs des aliments) et ce que l'on dépense. Elle est exprimée en kilocalories (kcal).

Bénévole : personne qui travaille gratuitement.

Biodiversité : ensemble de toutes les espèces vivantes, animales et végétales.

Blog : site personnel sur Internet, qui fonctionne comme un journal que tout le monde peut voir.

C

Censure : limitation de la liberté d'expression. Elle est exercée par le détenteur du pouvoir, qui empêche les artistes et les journalistes de s'exprimer librement.

Chaîne alimentaire : suite d'êtres vivants (animaux et plantes) dans laquelle chacun est mangé par celui qui suit.

Changement climatique : modification du climat de la Terre, qui entraîne des dérèglements inhabituels des températures et le réchauffement de la planète.

Citoyen : habitant d'un pays qui a des droits civiques et qui doit respecter un certain nombre de devoirs liés au lieu où il habite (sa ville, sa région, son pays).

Citoyen du monde : tout habitant de la Terre qui forme avec ses semblables un peuple commun ayant des droits et des devoirs. Tous les hommes sont donc des citoyens du monde !

Citoyen européen : toute personne qui a la nationalité d'un pays appartenant à l'Union européenne.

Citoyenneté : fait d'être reconnu comme citoyen.

Civilité : respect des règles que l'on partage quand on vit en société.

Civisme : respect du citoyen pour la collectivité à laquelle il appartient (respect des individus, des lieux et du matériel appartenant à tous).

Cliché : idée toute faite qui a tellement été répétée qu'on oublie souvent de la critiquer !

Code pénal : ensemble des textes de lois qui définissent les infractions et les sanctions à appliquer.

Commerce équitable : commerce qui respecte et protège les producteurs des pays pauvres pour qu'ils puissent développer leur activité et améliorer leur niveau de vie.

Communication : action par laquelle chacun entre en contact avec les autres, par le langage ou par des gestes, pour transmettre quelque chose.

Compromis : trouver un compromis, c'est arriver à un accord malgré les désaccords. Le compromis implique que chacun renonce à une partie de ses envies pour que tous puissent s'entendre !

Conscience morale : capacité à distinguer le bien du mal et à être guidé par des valeurs qui permettent d'agir de la manière la plus juste possible.

Conseil d'élèves : réunion qui a lieu au sein d'une classe et qui a pour but d'améliorer le vivre ensemble à l'école.

Conseil des enfants : réunion entre les représentants des élèves (les délégués de toutes les classes), les enseignants et le directeur.

Conseil municipal des enfants : réunion d'enfants qui a pour mission de collecter leurs idées afin d'améliorer la vie de leur ville ou de leur commune.

Consommation responsable : action de mieux choisir les produits qu'on achète (produits durables et recyclables plutôt que produits jetables, produits issus du commerce équitable) pour protéger les ressources naturelles de notre planète.

Contrôle parental : système que les parents utilisent pour filtrer les informations publiées sur Internet et protéger leurs enfants de tous les contenus qui peuvent être dangereux pour eux.

Convaincre : amener quelqu'un à accepter son propre point de vue.

Convention internationale des droits de l'enfant : traité international adopté par l'Assemblée générale des Nations unies le 20 novembre 1989. Il reconnaît des droits spécifiques aux enfants. Les pays qui l'ont signé se sont engagés à protéger chez eux les droits des enfants.

Coopération : fait de travailler, d'agir à plusieurs.

Courtoisie : attitude de politesse, qui consiste à se montrer généreux et agréable avec les autres.

Culte : ensemble des cérémonies par lesquelles on rend hommage à un/des dieu/x.

Cyberharcèlement : forme de harcèlement menée sur Internet (injures, moqueries, messages répétés, publication de photos et de commentaires méchants, etc.). Le cyberharcèlement est puni par la loi.

D

Débat (ou discussion argumentée) : discussion à plusieurs sur un sujet précis où chacun expose son avis et le défend avec des arguments.

Déclaration des droits de l'enfant : texte proclamé par l'Assemblée générale des Nations unies le 20 novembre 1959. Il reconnaît que les enfants ont des droits particuliers parce qu'ils sont fragiles et sans défense.

Déclaration des droits de l'homme et du citoyen : texte très important de la Révolution française de 1789, qui énonce les droits fondamentaux des hommes.

Déclaration universelle des droits de l'homme : texte adopté par l'Assemblée générale des Nations unies en 1948, qui énonce les droits fondamentaux des hommes.

Délégué de classe : élève élu en début d'année par ses camarades pour être leur porte-parole et les représenter devant l'équipe éducative.

Délit : acte grave interdit, qui peut être sanctionné par une peine prévue par la loi.

Démocratie : régime politique dans lequel le pouvoir est détenu par tous les citoyens.

Député : en France, représentant élu par le peuple, membre de l'Assemblé nationale (qui constitue avec le Sénat le pouvoir législatif, c'est-à-dire le pouvoir responsable des lois).

Développement durable : mode de développement respectant l'idée que les hommes doivent répondre à leurs besoins en préservant les ressources naturelles pour que les générations futures puissent à leur tour répondre à leurs besoins.

Devoirs : règles que la loi ou la morale obligent à suivre.

Dictature : système politique dans lequel le pouvoir est détenu par un seul homme qui veut contrôler tous les habitants de son pays.

Dilemme moral : situation où l'on doit choisir entre deux options qui ont toutes les deux des inconvénients ; on est alors obligé de faire un choix qui met en conflit deux valeurs.

Discriminations : comportements qui menacent l'égalité des hommes en prétextant une différence sociale, raciale, physique, mentale, ou une différence de genre.

Droits : ce qu'on peut faire, selon la loi et la morale.

E

Égalité : fait de reconnaître que tous les citoyens obéissent aux mêmes lois et aux mêmes devoirs et qu'ils sont protégés par les mêmes droits.

Émotion : trouble passager que l'on ressent en réaction à une situation. Elle peut être positive ou négative.

Empathie : capacité à se mettre à la place des autres et à comprendre ce qu'ils ressentent.

Entraide : fait de s'aider les uns les autres.

Esprit critique : capacité à refuser les idées toutes faites et à analyser les affirmations pour voir si elles sont vraies ou fausses. Quand on utilise son esprit critique, on se montre prudent avant de se faire sa propre opinion.

F

Féminisme : ensemble de pensées qui ont pour but d'assurer l'égalité entre les femmes et les hommes et de défendre les droits des femmes.

Fidélité : fait d'être dévoué à quelqu'un et de respecter les promesses qu'on a faites.

Fraternité : lien de solidarité qui unit tous les hommes.

G

Gouvernement : institution qui exerce le pouvoir exécutif. En France, il est nommé par le président de la République et dirigé par le Premier ministre (qui est le chef du Gouvernement).

Grève : action collective qui consiste à arrêter de travailler pour exprimer son mécontement.

H

Habitat naturel : milieu dans lequel un animal peut vivre et se reproduire normalement.

Harcèlement (à l'école) : violence répétée qu'un ou plusieurs élèves font subir à un ou à des élèves. Le harcèlement peut prendre des formes différentes : injures, moqueries, mots blessants, menaces et violences physiques, racket, cyberharcèlement... Il est puni par la loi.

Honnêteté : fait d'être de bonne foi et digne de confiance.

Humanitaire : ensemble des organisations qui luttent pour améliorer les conditions de vie de tous les hommes à travers le monde.

Humilité : capacité à savoir reconnaître ses faiblesses et ses défauts. Personne n'est parfait !

Hygiène : ensemble des règles qui assurent le bon fonctionnement et la bonne santé du corps.

Hygiène corporelle : propreté nécessaire à la bonne santé du corps.

I

Immigré : personne qui a quitté son pays pour aller vivre dans un autre.

Impartialité : fait de ne pas prendre parti, de rester neutre, quand on juge quelqu'un ou une situation.

Incivilité : acte irrespectueux et impoli, mais qui n'est généralement pas puni par le Code pénal.

Infraction : fait de transgresser, c'est-à-dire de ne pas respecter une loi.

Institution : structure chargée de faire fonctionner un État.

Internaute : utilisateur d'Internet.

J

Justice : 1) principe selon lequel il faut donner à chacun ce qui lui revient, selon ce qu'il mérite. 2) ensemble de lois, qui définissent dans une société ce qui est autorisé et ce qui est interdit. 3) institution qui fait régner la justice dans un pays : le pouvoir judiciaire constitué par les tribunaux et les juges.

L

Laïcité : organisation d'une société dans laquelle on sépare les institutions religieuses et l'État.

Liberté : possibilité de faire tout ce qui ne nuit pas à autrui.

Liberté de conscience : droit pour chacun de choisir ou non une croyance, ainsi que les valeurs qui vont guider sa vie.

Liberté de croyance : droit pour chacun d'avoir ses propres croyances.

Liberté de la presse : droit des journalistes de faire librement leur travail d'information et de diffusion de l'information.

Liberté de pensée (ou liberté d'opinion) : droit pour chacun d'avoir ses propres idées.

Liberté d'expression : droit pour chacun d'exprimer librement ses idées, à condition qu'elles ne soient pas contraires à la loi et qu'elles respectent les autres.

Lieu de culte : édifice où se déroulent des cérémonies religieuses (église, mosquée, synagogue, temple...).

Lois : règles qui organisent dans un pays la vie en société en précisant ce qui est autorisé et ce qui est interdit.

Loyauté : dévouement envers quelqu'un ou envers des engagements que l'on a pris.

M

Manifestation : action collective qui consiste à organiser un rassemblement ou un défilé pour exprimer son mécontentement.

Médisance : fait de médire de quelqu'un, c'est-à-dire de dire sur lui des choses méchantes.

Migrants : populations qui arrivent en Europe ou ailleurs parce qu'elles étaient en danger dans leur pays ou parce que leurs conditions de vie étaient trop dures.

N

Nutrition : assimilation par l'organisme, grâce à la digestion, des molécules (nutriments) dont le corps a besoin.

O

Obscurantisme : comportement d'opposition à l'instruction, à la culture, au progrès et aux sciences.

Observatoire de la laïcité : organisme qui a pour mission d'aider le Gouvernement à faire respecter le principe de laïcité dans la société.

ONG (Organisations Non Gourvernementales) : organisations internationales qui portent notamment secours aux pays pauvres et qui ne sont pas financées par les États.

ONU (Organisation des Nations Unies) : organisation internationale regroupant pratiquement tous les États de la planète et qui a pour but de préserver la paix internationale.

P

Paramètres de confidentialité : réglages qui permettent de choisir qui peut voir un contenu publié sur Internet.

Parité : dans la vie politique, fait que le Gouvernement compte autant de femmes que d'hommes afin que tous les citoyens et toutes les citoyennes soient représentés.

Parlement : pouvoir législatif (c'est-à-dire responsable des lois) composé en France de deux chambres de représentants du peuple, l'Assemblée nationale et le Sénat.

Peine : sanction décidée par un tribunal quand une infraction est commise (quand une règle n'est pas respectée).

Politesse : ensemble des règles qui permet d'avoir un comportement social agréable et respectueux.

Pouvoir exécutif : pouvoir qui est chargé de faire appliquer les lois. En France, c'est le président de la République et son Gouvernement (les ministres).

Pouvoir judiciaire : pouvoir des tribunaux et des juges, qui sont chargés de faire régner la justice dans un pays.

Pouvoir législatif : pouvoir qui est responsable des lois. En France, le Parlement, c'est-à-dire l'Assemblée nationale (les députés) et le Sénat (les sénateurs).

Pseudonyme : faux nom que l'on invente pour cacher sa vraie identité.

R

Racisme : fait de considérer que certains hommes sont inférieurs à d'autres en raison de leur origine, de leur couleur de peau ou de leur religion.

Racket : vol d'argent ou d'objets que le racketteur obtient en intimidant, en menaçant ou en frappant sa victime.

Réinsertion : action de redonner à quelqu'un sa place dans la société.

Religion : ensemble des croyances qui relient le monde des hommes et le monde divin. Elles sont constituées par des pratiques, des fêtes et des rites partagés par un ensemble de croyants.

République : régime politique dans lequel la souveraineté appartient au peuple et où le pouvoir est exercé par des représentants élus.

Respect : sentiment d'estime que l'on a pour quelqu'un ou quelque chose.

Responsabilité : fait d'être conscient des conséquences de ses actes et de les assumer.

Retraite : argent que l'on reçoit de l'État quand on n'a plus l'âge de travailler.

Rite : ensemble des règles et des cérémonies d'une communauté religieuse.

S

Sanction : punition qui est la conséquence du non-respect d'une règle.

Satire : texte ou discours qui se moque de ce qu'il dénonce.

Savoir-vivre : comportement qui consiste à faire preuve de politesse et de respect pour bien vivre avec les autres en société.

Sénateur : en France, représentant élu par les grands électeurs, membre du Sénat (qui constitue avec l'Assemblée nationale le pouvoir législatif, c'est-à-dire le pouvoir responsable des lois).

Sentiment : état affectif, c'est-à-dire une manière de se sentir dans son corps, sa tête et son cœur.

Sexisme : attitude de discrimination à l'égard des femmes.

Solidarité : sentiment d'appartenance à un même groupe humain qui pousse à aider les autres.

Spam : mail indésirable envoyé dans un but publicitaire.

Suffrage universel : acte par lequel tous les citoyens procèdent à un vote.

Stéréotype : idée simpliste sur un groupe humain que l'on accepte sans réfléchir.

T

Tolérance : attitude d'ouverture d'esprit qui consiste à respecter les différences des autres.

Tri sélectif : fait de jeter les différents déchets (verre, papier, plastique...) dans des containers propres à chacun.

U

Unicef (Fonds des Nations unies pour l'enfance) : agence des Nations unies qui a pour mission de défendre les droits des enfants dans le monde.

Uniformisation : fait d'avoir un mode de vie identique pour tous où toutes les différences sont gommées.

Union européenne : organisation de plusieurs pays européens qui se sont rassemblés pour coopérer sur des questions politiques et économiques.

V

Vigilant : qui est attentif à ce qui se passe pour identifier les risques et les dangers possibles.

W

Web : service d'Internet qui publie des pages contenant des textes, des images, des sons. On l'appelle aussi World Wide Web (www), la toile d'araignée mondiale !

X

Xénophobie : attitude de rejet, de peur et de haine face aux étrangers.

Les « Max et Lili » en lien avec l'EMC

L'enseignement moral et civique au cœur de la collection « Ainsi va la vie » : une sélection de titres « Max et Lili ».

LA SENSIBILITÉ

1. Comment exprimer ses émotions ?

N° 7 Lili est amoureuse
N° 17 Max et Lili ont peur
N° 28 Max est jaloux
N° 40 Max a une amoureuse
N° 83 Lili a un chagrin d'amour
N° 104 Lili a trop honte

2. Comment communiquer avec les autres ?

N° 14 Lili est fâchée avec sa copine
N° 26 Les parents de Max et Lili se disputent
N° 101 Max boude

3. Comment prendre soin de son corps ?

N° 1 Lili ne veut pas se coucher
N° 11 Lili n'aime que les frites
N° 56 Max ne veut pas se laver
N° 64 Marlène grignote tout le temps

4. Comment éviter les dangers ?

N° 45 Max est casse-cou
N° 47 Max est dans la lune

5. Que faire en cas d'accident ?

N° 10 Max va à l'hôpital

6. Comment avoir confiance en soi ?

N° 3 Max est timide
N° 29 Max est maladroit
N° 37 Lili se trouve moche
N° 81 Max se trouve nul

7. Comment accepter les différences physiques ?

N° 37 Lili se trouve moche
N° 64 Marlène grignote tout le temps
N° 111 Max se trouve trop petit

8. Comment aider les autres ?

N° 36 Jérémy est maltraité
N° 44 Alex est handicapé
N° 66 La copine de Lili a une maladie grave
N° 98 Max et Lili veulent être gentils

9. Qu'est-ce que le handicap ?

N° 44 Alex est handicapé

10. Qu'est-ce qu'une relation d'amitié ?

N° 14 Lili est fâchée avec sa copine
N° 31 Max veut se faire des amis
N° 51 Lucien n'a pas de copains
N° 105 Lili invite une copine en vacances

11. Comment trouver sa place dans le groupe ?

N° 31 Max veut se faire des amis
N° 51 Lucien n'a pas de copains
N° 85 Max et Lili sont fans de marques
N° 106 Max et Lili veulent être populaires

12. Comment lutter contre le harcèlement ?

N° 38 Max est racketté
N° 67 Max se fait insulter à la récré
N° 99 Lili est harcelée à l'école

LA RÈGLE ET LE DROIT

13. Qu'est-ce que le respect ?

N° 70 Max n'en fait qu'à sa tête
N° 77 Max ne respecte rien

14. Qu'est-ce que la politesse ?

N° 41 Lili est malpolie

15. Qu'est-ce que le racisme ?

N° 24 Max et Koffi sont copains

16. À quoi servent les règles ?

N° 15 Max a triché
N° 34 Max se bagarre
N° 39 Max n'aime pas perdre
N° 41 Lili est malpolie
N° 45 Max est casse-cou
N° 70 Max n'en fait qu'à sa tête

17. À quoi servent les sanctions ?

N° 15 Max a triché
N° 18 Max et Lili ont volé des bonbons
N° 38 Max est racketté
N° 68 La maison de Max et Lili a été cambriolée
N° 95 Le tonton de Max et Lili est en prison

18. Quels sont nos droits et nos devoirs ?

N° 23 Lili veut protéger la nature
N° 44 Alex est handicapé
N° 57 Lili trouve sa maîtresse méchante
N° 70 Max n'en fait qu'à sa tête
N° 73 Max veut être délégué de classe

19. Comment respecter l'égalité des droits ?

N° 43 Le père de Max et Lili est au chômage
N° 44 Alex est handicapé
N° 54 Max embête les filles

20. Comment respecter l'égalité entre les filles et les garçons ?

N° 54 Max embête les filles

21. Qu'est-ce qu'être citoyen ?

N° 73 Max veut être délégué de classe

LE JUGEMENT

22. Qu'est-ce que la liberté ?

N° 70 Max n'en fait qu'à sa tête

23. Qu'est-ce que la liberté d'expression ?

Agenda des droits de l'enfant

24. Comment utiliser Internet de manière responsable ?

N° 75 Lili se fait piéger sur Internet
N° 99 Lili est harcelée à l'école
N° 109 Max et Lili ont peur des images violentes

25. Comment débattre avec les autres ?

N° 54 Max embête les filles
N° 98 Max et Lili veulent être gentils

26. Quelles sont les trois grandes religions monothéistes ?

N° 86 Max et Lili se posent des questions sur Dieu

28. Qu'est-ce que la tolérance ?

N° 86 Max et Lili se posent des questions sur Dieu
N° 110 La copine de Lili n'a pas de papa

29. Comment apprendre à être honnête ?

N° 12 Max raconte des « bobards »

30. Qu'est-ce que la justice ?

N° 68 La maison de Max et Lili a été cambriolée
N° 84 Max trouve que c'est pas juste

31. Comment développer son jugement moral ?

N° 36 Jérémy est maltraité
N° 84 Max trouve que c'est pas juste

L'ENGAGEMENT

32. Quel est le rôle du délégué de classe ?

N° 73 Max veut être délégué de classe

33. Comment s'engager dans la vie de son école ?

N° 73 Max veut être délégué de classe

34. Comment s'engager en tant que citoyen ?

N° 23 Lili veut protéger la nature
N° 73 Max veut être délégué de classe
N° 77 Max ne respecte rien
N° 98 Max et Lili veulent être gentils

35. Pourquoi coopérer ? Pourquoi s'entraider ?

N° 21 Max a la passion du foot
N° 89 Max décide de faire des efforts

36. Comment se montrer solidaire ?

N° 43 Le père de Max et Lili est au chômage
N° 66 La copine de Lili a une maladie grave

37. Quels sont les droits de l'enfant ?

Agenda des droits de l'enfant

38. Qu'est-ce que l'engagement humanitaire ?

N° 74 Max et Lili aident les enfants du monde

39. Comment protéger la nature ?

N° 23 Lili veut protéger la nature

40. Comment protéger les animaux ?

N° 96 Max veut sauver les animaux

Imprimé en Italie
ISBN : 978-9-99593-499-6